Die neue und historische Hauptstadt

BERLIN
UND POTSDAM IM FARBBILD

EINE FARBBILD-RUNDFAHRT

Mit einem Einleitungstext von JACK LANG
und den Farbaufnahmen von HORST ZIETHEN u.a.

ZIETHEN-PANORAMA VERLAG

© Copyright by:
ZIETHEN-PANORAMA VERLAG
D-53902 BAD MÜNSTEREIFEL, Flurweg 15
Tel. (0 22 53) 60 47 · Fax (02253) 6756
Email: mail@ziethen-panoramaverlag.de

NEUAUFLAGE 2001
Neugestaltung mit 40 neuen Bildseiten

Redaktion / Buchgestaltung: HORST ZIETHEN
Einleitungstext: JACK LANG
Gen. Nachdruck aus dem Magazin GEO Spezial
(Ausgabe Berlin 1/1999)

Zusammenstellung der Bildtexte:
Ziethen-Panorama Verlag mit Beiträgen
von Horst Ziethen, Wolfgang Grothe und
des Senats von Berlin

Englisch-Übersetzung:
Gwendolen Webster und John Stevens

Französisch-Übersetzung:
Maryse Quézel, France Varry und Leïla Schenkelberg

Druck, Lithografie und Satz:
ZIETHEN-FARBDRUCKMEDIEN GmbH
D-50999 KÖLN, Unter Buschweg 17
Fax (0 22 36) 3989-89 · Tel. (0 22 36) 3989-0

Bindearbeit: Leipziger Großbuchbinderei

Printed in Germany

ISBN 3-929932-76-8

JACK LANG

Die neue und historische Stadt BERLIN im Farbbild

Wenn man diesen Namen hört, fallen einem starke Bilder ein: der Große Kurfürst, die Hugenotten, Friedrich und Voltaire, Mendelssohn, die Humboldts, die Barrikaden von 1848, Grosz, Marlene, Cabaret, die „Rosinenbomber" der Luftbrücke, „Ich bin ein Berliner", John F. Kennedy, die Schandmauer, der Trabant... Berlin hat dem Geist stets neue Nahrung gegeben. Berlin ist mehr als eine Hauptstadt, Berlin ist eines der markantesten Symbole unserer jüngsten Geschichte. Wer könnte die unglaublichen Tage im November 1989 vergessen, als Europa zu sich selbst zurückfand? Ich habe mich schon vor langer Zeit in Berlin verliebt, diese merkwürdige, faszinierende Stadt. Das Theater spielte dabei die Rolle des Mittlers. Hungrig nach geistiger Nahrung, bin ich als junger Student hierher gepilgert, um Aufführungen Brechtscher Stücke zu erleben. Vor allem das Berliner Ensemble war für Menschen meiner Generation ein Heiligtum, ein Mekka des Theaters, ein Wallfahrtsort, der uns inspirierte und uns in unserem Glauben an ein Theater bestärkte, das der Kunst und dem Volk gleichermaßen dienen sollte. Die Teilung der Stadt, so unerträglich dieser Riss auch war, bot uns die Gelegenheit, zwei Monumente, zwei Modelle des modernen Theaters miteinander zu vergleichen: Brecht im Osten und Peter Stein an der Schaubühne. Ich komme immer wieder nach Berlin zurück und bin immer wieder von derselben jugendlichen Begeisterung und derselben glühenden Neugier beseelt. Jedesmal erliege ich dem vielschichtigen Zauber dieser Stadt, ob als Präsident der Filmfestspiele, als Teilnehmer der Love Parade oder als Gelegenheitsbesucher.

Berlin, Du Schillernde...

Ich liebe Berlin, die Widersprüchliche, diese besondere Stadt, die Kontraste kultiviert, wie andere Städte die Harmonie pflegen. Sie wird nie eine geleckte, herausgeputzte Kapitale sein, sie ist eine Metropole im Werden, die sich ständig wandelt. Mit ihrem unstillbaren Durst nach Neuen erfindet sie sich immer wieder neu. Mit ihrer Landschaft, die wie zur Zeit Franz Hessels eher „ein Archipel kleiner Städte" ist, gleicht sie einer schillernden Kamee. Ich liebe die plastische Schönheit dieser weißen Stadt, die wilhelminischen Fassaden in Schöneberg, die Anmut von Heiligensee, die Hinterhöfe im Wedding, die schattigen Grunewalder Alleen, das Kopfsteinpflaster am Käthe-Kollwitz-Platz, das voluminöse Shell-Haus, die pockennarbigen Häuser in Berlin-Mitte, die prachtvollen Villen an der Königsallee, das Leuchten des Himmels, das Helmut Newton so faszinierte, den Sand im Strandbad Wannsee, nicht zu vergessen die Currywurst (mit Pommes) und die Berliner Weiße (mit Schuss)... Trotz seiner Größe ist Berlin eine Stadt für Flaneure – aus ästhetischen und aus intellektuellen Gründen. Hier wandelt man auf den Spuren Walter Benjamins, Kurt Tucholsky oder Gottfried Benns, eine einzigartige Erfahrung, anregend und bereichernd. Berlin ist eine Stadt der Gespenster, die den Besucher auf seinen Wegen geleiten: Wir begegnen Kleist am Wannseeufer, Christopher Isherwood in verruchten Varietés, Döblin auf dem Alexanderplatz, John le Carré in Zwielichtzonen, Chamisso auf der Suche nach seinem Schatten und Fontane in den gepflegten Bürgerhäusern von Friedrichstadt. Berlin, die Unvergleichliche, lässt niemanden gleichgültig: Sie fordert ungeteilte Bewunderung heraus oder schonungslose Zurückweisung. Sie ist eine Stadt der Leidenschaften, der Extreme, der Exzesse, der Kühnheiten, der Provokationen im Guten wie im Schlechten. Sie hat Geist, Herz und Charakter. Sie ist wandelbar, unberechenbar, geheimnisvoll und verschwiegen. Berlin ist ein Paradoxon, eine Stadt der Brüche und Kehrtwendungen, die sich darin gefällt, ihre Gegensätze zu pflegen. Wenn es stimmt, was Renzo Piano, Herr über die riesige Debis-Baustelle am Potsdamer Platz, verkündet: „Die Schönheit einer Stadt erwächst aus ihren Widersprüchen", dann ist Berlin ein Gipfel der Ästhetik. Der ungarische Romancier Péter Esterházy behauptet: „Der Charme dieser Stadt ist ihre Hässlichkeit." Ich meine eher, dass ihre Anziehungskraft auf der produktiven Konfrontation von Epochen und Stilen beruht. Man muss nur durch die Straßen des Scheunenviertels oder Moabits gehen, um der Kontraste gewahr zu werden, die den Blick stets von neuem überraschen. Es ist diese Vielfalt, die fesselt, auch wenn sie das Verständnis nicht gerade erleichtert. Und obwohl geradlinige Verkehrsadern wie Friedrichstraße, Unter den Linden und Kaiserdamm die Großzügigkeit ihrer Anlage stören, ist es die gebrochene Linie, die diese Stadt am besten repräsentiert, wie Daniel Libeskind mit seinem jüdischen Museum so hervorragend zu zeigen verstand.

Berlin, Du Elegante...

Für mich ist Berlin eine geheimnisvolle Frau, die Natürlichkeit mit Eleganz, Großmut mit Impertinenz vereint. Sie trägt die Züge von Rahel, Rosa, Else, Claire, Marlene, Hildegard, Katharina.... Ein Berlin kann ein anderes, kann viele andere verbergen. Paris bleibt Paris, sagt man, aber Berlin bleibt nie Berlin, so ungreifbar, flüchtig, zwiespältig ist diese rätselhafte Schöne. Sie verführt nicht; sie erobert. Sie bezaubert nicht; sie verhext. Berlin lässt sich nicht bestimmen oder auf einen Nenner bringen, so sehr entzieht sich die Stadt jeder Reduktion ihrer Vielfalt. Sie ist ein Irrlicht, das die Sinne erregt. Man meint, man hat sie verstanden, da zeigt sie wieder ein neues Gesicht, führt in die Irre und stiftet Verwirrung. Dieser Umstand erklärt vielleicht, warum sie, von Lola-Lola bis Damiel, ein Sitz der Engel ist. Berlin bleibt der „siedende Kessel", den Harry Keßler zu Beginn dieses Jahrhunderts beschwor, diese Stadt, „zugleich erbarmungswürdig und verführerisch: grau, schäbig, verkommen, aber doch vibrierend von nervöser Vitalität, gleißend, glitzernd, phosphoreszierend, hektisch animiert, voll Spannung und Versprechen", wie Klaus Mann sie einmal schilderte. Berlin behagt dieses labile Gleichgewicht, weil es das Leben selber ist. Berlin ist wie ein Seiltänzer. Der Genius Berlins, dem Ernst Lubitsch so wunderbar Ausdruck verlieh, hat viele Facetten: einen enormen Lebenswillen, eine unbezähmbare Lust an der Modernität, einen starken Hang zu allem Neuen, eine spöttische, provozierende Respektlosigkeit und eine Toleranz und Gastfreundschaft, von der vor allem im 17. Jahrhundert Tausende Hugenotten profitierten, die Ludwig XIV. aus Frankreich vertrieben hatte. Deshalb hat Berlin eine so besondere Bedeutung für die Franzosen. Obwohl Berlin manchmal so fremdartig wirkt, „bizarr", meinte der Schriftsteller Wolfgang Büscher, fühlt man sich als Fremder in dieser Stadt nicht fremd. Sie ist einladend, weil sie seit jeher ein Ort des Übergangs, der Vermischung, der Begegnung war, menschlich wie intellektuell. Die Öffnung nach außen ist ihre Hauptaufgabe. Ich bin froh, dass neben den Türken, den Griechen und den Italienern auch die aus Rußland kommenden Juden wieder den Weg nach Berlin gefunden haben und das Viertel um die Oranienburger Straße beleben wie zu Beginn des Jahrhunderts. Berlin hat in der Tat die Funktion einer Brücke zwischen Ost und West. Berlin ist eine Welt-Stadt. Sie dient als Laboratorium für Ideen und Experimente. Sie gehört nicht nur ihren Bewohnern, sondern auch allen, die sich ihr verbunden fühlen, all jenen, die ihr ein Leben in Freiheit verdanken. Wir sind alle Berliner. Diese Stadt verfügt über eine ungeheure Energie, die es ihr erlaubt, immer wieder aufzustehen und aufzuerstehen. Aus den Prüfungen, die ihr auferlegt werden, schöpft sie neue Kraft. Dank ihrer Vitalität überstand sie die Verwüstungen des Industriezeitalters, die Verheerungen des Krieges und die Verletzungen der Teilung. Darin besteht ihre Anziehungskraft: in ihrer Fähigkeit, sich allen Herausforderungen zu stellen. Je größer sie sind, desto größer ist auch ihre Entschlossenheit. Und weder an dem einen noch an dem anderen hat es ihr in den vergangenen Jahrhunderten gefehlt.

Berlin, Du Bizarre

Die Besonderheit dieser Stadt liegt in ihrem dialektischen Spannungsverhältnis zur Geschichte zwischen Rückzug und Revolte, zwischen Vergessen und Erinnern. Diese Spannung provoziert Kontroversen, wie man an den Diskussionen um ein Mahnmal für die ermordeten Juden und den Wiederaufbau des Stadtschlosses sieht, aber sie führt nicht zu Lähmung und Verknöcherung, im Gegenteil, sie erzeugt eine schöpferische, anregende Dynamik. Berlin gleicht der buntbemalten Mauer der achtziger Jahre: einem gigantischen baudelaireschen Palimpsest, das jede anrollende Welle einfängt und gleich wieder aus dem Gedächtnis löscht. Übrigens finde ich es bedauerlich, dass wegen des sehr verständlichen Wunsches, die schmerzende Narbe aus dem Stadtbild schnell zu entfernen, nicht ein größerer Teil der Mauer erhalten blieb, damit nachfolgende Generationen die Verirrungen des Kalten Krieges begreifen können. Denn kein noch so gelungenes Mahnmal gebietet über die suggestive Kraft eines authentischen Orts.

Berlin, Du Narbige...

Der Kalte Krieg hat in Berlin begonnen. Und er hat in Berlin sein Ende gefunden. Diese Geschichte ist unsere Geschichte, eine gemeinsame, manchmal schmerzliche, manchmal glückliche Geschichte, die uns eint und verbindet. Sie prägt unsere Gegenwart. Sie ist der Humus, auf dem die demokratischen Ideale gediehen, die die Völker Europas in Ost und West gemein haben.

Einer der Ausgangspunkte dieser Geschichte war die Luftbrücke, diese außergewöhnliche humanitäre Aktion, die den Zusammenhalt zwischen den Deutschen und der westlichen Welt stärkte und 1998 ihr fünfzigstes Jubiläum feierte. Damals hörte Berlin auf, sich mit dem Militarismus und dem Preußentum zu identifizieren, und hat sich seither zu einem Symbol für die Verteidigung der Freiheit entwickelt. Über die Luftbrücke wurden nicht nur Nahrungsmittel und Kohle transportiert, aus dem Himmel über Berlin kam auch die Hoffnung, auf der unsere Kultur beruht. Die Luftbrücke war ein Sieg aller Europäer.

Berlin, Du Angstmachende...

Das Verhältnis Berlins zur Geschichte ist ungeheuer spannend. Die brandenburgische Stadt, die sich im 19. Jahrhundert außerordentlich entwickelte, hat unsere Epoche so sehr geprägt, dass man behaupten könnte, Berlin verkörpere das 20. Jahrhundert mit all seinem Leid, seiner Zerrissenheit und seinen schlimmsten Tragödien, aber auch mit all dem Schönen, das es mit sich brachte, all seinen Träumen und Überraschungen. Berlin ist ein Abbild unserer Geschichte und unseres Kontinents, das uns in Bestürzung und in Bewunderung versetzt. Und da jede Stadt ein lebendiger Organismus ist, der die verschiedenen Schichten der Erinnerung bewahrt, hielte ich es für vernünftig, den scheußlichen Palast der Republik zu erhalten und das Stadtschloss wiederaufzubauen als urbane Beschwörung der Kontinuität – wie auch der Brüche in der deutschen Geschichte. Ich persönlich hege eine ganz besondere Vorliebe für die Zimmerstraße, eine kleine Straße im Schatten der Kräne und Türme des Potsdamer Platzes. Dieser Ort ist ein Kondensat der Geschichte Berlins, also Deutschlands, also Europas: Dort steht der Preußische Landtag dem Martin-Gropius-Bau gegenüber, auf der anderen Seite der Mauer, die hier einst die Stadt teilte, Görings Luftfahrtministerium (der ehemalige Sitz der DDR-Ministerien und künftige Sitz des Finanzministers), der Topographie des Terrors mit dem SS- und dem Gestapo-Hauptquartier. Welch ein Anblick! Die städtische Umgestaltung, die Berlin seit dem Fall der Mauer erfährt, ist beeindruckend. Das Werk, das an den Ufern der Spree vollbracht wurde, ist gigantisch und erfüllt mich mit Bewunderung, auch wenn das Konzept der „kritischen Rekonstruktion" gelegentlich in einen „faulen Kompromiss" mündete, wie der französische Historiker Etienne Francois festgestellt hat. Doch dieser architektonische Wandel steht in der Berliner Tradition, einem entschlossen zusammen gewürfelten Ganzen neue Elemente hinzuzufügen.

Berlin, Du Bewunderte...

Der politsch-urbane Umbruch wirft eine quälende Frage auf, die die Köpfe und Zeitungen diesseits und jenseits des Rheins beschäftigt: Muss man vor Berlin und der Berliner Republik Angst haben? Im Gegensatz zu den Franzosen nämlich, die ihre Republiken kartesianisch numerieren, taufen die Deutschen sie, was sehr viel poetischer ist, auf den Namen einer Stadt: nach Weimar und Bonn ist jetzt also die Stadt Berlin an der Reihe. Wir sollten diesen Namen, der laut Martin Walser „bloß ein Etikett" ist, als einen Ausdruck des Wunsches verstehen, 50 Jahre Zerrissenheit nicht nur Berlins und Deutschlands, sondern auch Europas zu überwinden. Deshalb erscheint mir die Verlegung der Hauptstadt vom Rheinufer (einen Katzensprung von Frankreich) an die Ufer der Spree (80 Kilometer von Polen) ebenso natürlich wie die Wiederherstellung der deutschen Einheit, deren Symbol und Konkretisierung dieser Umzug ist. Außerdem trägt er der neuen Wirklichkeit und dem neuen Gleichgewicht Rechnung, das Europa in den letzten zehn Jahren wiedergefunden hat. Das hat nichts mit einem Geographismus zu tun, der übrigens ebenso unangebracht ist wie der historische Determinismus, zu dem manche das deutsche Volk früher verurteilen wollten. Berlin war das Symbol eines gespaltenen Kontinents, jetzt ist es ein Emblem eines neuen Europas auf der Suche nach sich selbst. Die Verlegung der Hauptstadt stellt weder die Verankerung Deutschlands im Westen in Frage noch sein entschiedenes Eintreten für ein europäisches Haus. Die Befürchtungen („oder sollte ich lieber sagen Wahnvorstellungen?") einiger meiner Mitbürger (aber auch der Deutschen) bezüglich der Wiedergeburt eines zentralistischen Nationalismus teile ich nicht. Die föderalistisch strukturierte deutsche Demokratie hat ihre Stabilität ebenso bewiesen wie ihre Transparenz, zwei Charakteristika, die sie mit dem neuen Reichstag gemein hat, bei dem das massive Gerüst Paul Wallots von der glänzenden, durchsichtigen Kuppel Norman Fosters gekrönt wird.

Berlin, Du Europäische...

Berlin wird das Bild Deutschlands und das Denken seiner Regierenden verändern. Das Leben in der Metropole wird ein anderes Weltbild entstehen lassen als Bonn, das gemütliche Bundesdorf. In Berlin werden Deutschlands Politiker „nationalistischer" und „internationalistischer" werden. Sie werden den täglichen Sorgen der Deutschen, besonders in den neuen Ländern, näher sein und gleichzeitig die weltweiten Probleme besser verstehen. Sie werden sich eine „Hauptstadtkultur" aneignen, die offener, kosmopolitischer, moderner ist, einer Kulturhauptstadt würdig, die Turgenjew als einen Hort des europäischen Lebens pries. Eine der großen aktuellen Aufgaben ist die Integration der jungen Demokratien des Ostens in den europäischen Kulturraum. Berlin hat dafür ein paar entscheidende Trümpfe zu bieten: drei große Opern, fast 50 Theater, weit über 100 Museen, 200 Kinos, 200 Galerien, abgesehen von ideensprühenden Bilderstürmern vom Schlage Frank Castorfs an der Volksbühne, Thomas Langhoffs am Deutschen Theater oder des jungen Thomas Ostermeier, der die Baracke zum Wackeln bringt. Die auffallende Häufung von Talenten in Berlin scheint zu bestätigen, dass das, was Heinrich Heine 1822 behauptete, auch heute noch seine Gültigkeit hat: Berlin ist keine Stadt, sondern ein Ort, an dem Leute von Geist sich treffen. Die Wahl Berlins zur Hauptstadt ist, um eine Bemerkung des Historikers Fritz Stern aufzugreifen, „ein neuer Anfang". Aber sie ist auch Herausforderung und Verheißung: Herausforderung der Integration eines disparaten Ganzen und Verheißung eines einigen, solidarischen, blühenden und friedlichen Europa. Die Anziehungskraft Berlins wird zu einem Pol der Stabilisierung unseres Kontinents werden. Berlin und Europa brauchen einander. Die deutsche Hauptstadt ist eines der Nervenzentren eines erfinderischen, schöpferischen, offenen, eigenwilligen Europa. Hier werden die jungen Generationen Europa als einen natürlichen, sinnlichen, anregenden Raum gegenseitiger Entdeckung erleben, in dem sie sich kennen und schätzen lernen. Berlin ist der richtige Ort, um die Vielschichtigkeit und den Reichtum der europäischen Kultur zu begreifen; dieser unschätzbaren Kultur, „seit mehreren tausend Jahren entsprungen, gewachsen, ausgebreitet, gedämpft, gedrückt, nie ganz erdrückt, wiederaufatmend, sich neu belebend und nach wie vor in unendlichen Tätigkeiten hervortretend".

JACK LANG (Jahrgang 1940)
Vorsitzender des Auswärtigen Ausschusses der französischen Nationalversammlung, war in den sechziger Jahren häufig in Berlin, weil er „verrückt nach Theater" war. So oft es geht, besucht der ehemalige französische Kulturminister noch heute die Stadt.

The new and historical City BERLIN in Colour Pictures

The name conjures up vivid images of the Great Elector Frederick William, the Huguenots, Frederick and Voltaire, Mendelssohn, the Humboldts, the barricades of the Revolution of 1848, Grosz, Marlene Dietrich, cabaret, the airlift, JFK's "Ich bin ein Berliner" speech, the Wall, the Trabant. Berlin has always given us new food for thought and food for our soul. And Berlin is more than just a capital; it is one of the most striking symbols of modern German history. Unforgettable those incredible days in 1989 when Europe was redefined. I fell in love with Berlin a long time ago, this remarkable, fascinating city. The theatre acted as intermediary. Hungry for spiritual food I made a pilgrimage here to see performances of plays by Bertolt Brecht. The Berlin ensemble was almost a shrine for people of my generation, a Mecca of the theatre, a place of pilgrimage where we found inspiration and confirmation of our faith in a theatre that served art and humankind in equal measure. The partition of the city, intolerable though this division was, gave us the opportunity to compare two monuments, two models of contemporary theatre. Brecht in the east and Peter Stein at the Schaubühne. I return to Berlin regularly and am animated again and again by the same youthful enthusiasm and the same glowing curiosity. Every time I am enchanted by the magical diversity of the city, be it as President of the Film Festival, participant in the Love Parade or occasional visitor.

Berlin, the Iridescent...

I love Berlin and its contradictions, a city that cultivates contrasts as other cities cultivate harmony. It will never be a polished, spick-and-span capital, but an ever-evolving metropolis, in constant flux, constantly reinventing itself in its unquenchable thirst for innovation. With its landscape more like an archipelago of small towns as at the time of Franz Hessel, it is a lustrous cameo. I love the plastic beauty of this white city, the Wilheminian facades of Schöneberg, the grace of Heiligensee, the inner courtyards of Wedding, the shady avenues in Grunewald, the cobblestones on Käthe Kollwitz Square, the voluminous Shell building, the pock-marked houses in Berlin-Mitte, the sumptuous villas on the Königsallee, the radiant sky so fascinating to Helmut Newton, the sand at the Wannsee lido, not forgetting Currywurst (with chips) and Berliner Weisse (beer with syrup). Despite its size, Berlin is a city for strolling – for aesthetic and intellectual reasons. Here you can trace the footsteps of Walter Benjamin, Kurt Tucholsky or Gottfried Benn, a uniquely stimulating and enriching experience. Berlin is a city of ghosts accompanying the visitor's every step. We meet Kleist on the shores of the Wannsee, Christopher Isherwood in wicked music halls, Döblin on Alexanderplatz, John Le Carré in twilight zones, Chamisso looking for his shadow and Fontane in the elegant patrician dwellings of Friedrichstadt. Berlin the incomparable leaves nobody indifferent. It demands undivided admiration or pitiless rejection. It is a city of passions, of extremes, of excesses, of daring, provocative in all senses of the word. It is the city of intellect, of the heart and has character. It is changeable, unpredictable, mysterious and secretive. Berlin is a paradox, a city of ruptures and U-turns that makes a point of cultivating its contrasts. If it is true what Renzo Piano says, master of the huge building site on Potsdamer Platz, that "The beauty of a city is the fruit of its contradictions", then Berlin is the very epitome of aestheticism. The Hungarian novelist Péter Esterházy claims that "The city's ugliness is the source of its charm." My feeling is that the city's attraction lies in the productive confrontation of epochs and styles. You only have to wander through the streets of the Scheunenviertel or Moabit to become aware of the contrasts that catch the eye again and again. It is this diversity that is so captivating, even if it is not always easy to understand. And although upright straight thoroughfares like Friedrichstrasse, Unter den Linden and Kaiserdamm disturb its grand design, it is the broken line that represents this city best, as Daniel Libeskind showed so magnificently in his Jewish Museum.

Berlin, the Elegant...

For me Berlin is a woman full of mystery, natural and elegant, magnanimous and impertinent all at the same time. It bears the features of Rahel, Rosa, Else, Claire, Marlene, Hildegard, Katharina... One Berlin can mask another, many others. Paris always remains Paris, but Berlin never stays Berlin. The mysterious beauty is so difficult to grasp, so fleeting, so paradoxical. She doesn't seduce, she conquers. She doesn't enchant, she puts a jinx on you. Berlin cannot be defined, its diversity is simply not to be reduced to a common denominator.

It is a mirage, a miracle that excites our senses and teases our minds. You think you've begun to understand her, but then she reveals a new feature, misleads you and causes confusion. It is this peculiarity that perhaps explains why Berlin has always been home to angels, from Lola-Lola to Damiel. Berlin remains the seething cauldron conjured up by Harry Kessler at the beginning of the 20th century, a city "both piteous and seductive: grey, shabby, run down, yet vibrant with nervous vitality, glistening, glittering, phosphorescent, hectic and animated, full of tension and promise", as Klaus Mann once described it. Berlin feels comfortable with this unstable balance, it is its very lifeblood. Berlin is a tightrope walker. Berlin's genius, expressed so wonderfully by Ernst Lubitsch, is multi-facetted: an enormous will to live, an uncontrollable appetite for modernity, an inclination towards all that is new, a mocking, provocative lack of respect and a tolerance and hospitality from which thousands of Huguenots profitted in the 17th century having been driven out of France by Louis XIV. That is why Berlin has a special meaning for the French. Although Berlin sometimes seems so strange, so foreign, so "bizarre", as the writer Wolfgang Büscher put it, a stranger never feels forlorn in this city. It is welcoming, having always been a place of transition, a melting pot both in human terms and intellectually. Its main task is to open itself to outside influences. I am pleased that Jews of Russian origin have found their way to Berlin again, to join the Turks, the Greeks and the Italians, and to bring back to life the area round Oranienburger Strasse as they did at the turn of the century. Berlin has indeed the function of a bridge between east and west. Berlin is a metropolis. It serves as a laboratory for ideas and experiments. It belongs not only to those who live here, but to all who feel attached to it, all those who owe their life in freedom to the city. We are all Berliners. This city has limitless resources of energy, enabling it to resurrect itself time and again. It gains new strength from the trials and tribulations it has overcome. Thanks to its creative vitality, it overcame the destruction of the industrial age, the devastations of war and the injuries of partition. Therein lies its attraction: in its ability to face all challenges. The larger it is, the greater its determination. And both have been there in equal measure over the centuries that have passed.

Berlin, the Bizarre...

What makes the city so special is the dialectic relationship to history, somewhere between retreat and revolt, between forgetting and remembering. This tension produces controversies, such as that, for example, surrounding the memorial to the murdered Jews or the rebuilding of the city castle. But it does not lead to paralysis or ossification. On the contrary, it produces a creative, animating dynamism. Berlin is like the brightly coloured wall of the 80s: a gigantic, Baudelarian Palimsest, that captures every new wave and extinguishes it from memory forthwith. Actually I find it regrettable that the understandable desire to remove the painful scar from the face of the city as quickly as possible has meant that so little of the wall has been preserved, which would have made it easier for future generations to grasp the aberrations of the Cold War. No monument, however successful, commands the same suggestive power as a real place.

Berlin, the Scarred...

The Cold War began in Berlin. And the end came in Berlin, too. This bit of history is our history, our shared, sometimes painful, sometimes happy history, uniting us all. It defines our present. It is the humus on which democratic ideals thrive, shared by the peoples of eastern and western Europe alike. One of the starting points of this story was the airlift, this incredible humanitarian campaign that strengthened the ties between Germans and the western world and whose 50th anniversary was celebrated in 1998. Berlin's identification with militarism and Prussian ideals ceased, it became the modern symbol of the defence of liberty. The airlift not only brought food and coal, hope came out of the sky over Berlin, hope that our civilisation now rests on. The airlift was a victory for all Europeans.

Berlin, the Frightening...

Berlin's relationship to history is one of tension. The Brandenburg city and its explosive growth in the 19th century has so shaped our epoch that one could say Berlin is the embodiment of the 20th century, with all its sufferings, its divisions and its most grievous tragedies, but also with the beauty it brought with it, all its dreams and surprises. Berlin is a mirror image of our history and of our continent, a source of dismay but also admiration. And as every city is a living organism, retaining the various levels of memory, I would think it right to preserve the dreadful Palace of the Republic and to rebuild the city castle as an urban invocation of continuity and at the same time of the fissures in German history. I personally have an especially soft spot for Zimmerstrasse, a little street in the shadow of the towering cranes of Potsdamer Platz. It is the essence of Berlin's history, and thus Germany's and Europe's too. The Prussian State Parliament stands opposite the Martin Gropius building, on the other side of the wall that once divided the city, Göring's airforce ministry (former seat of GDR ministeries and future seat of the Finance Minister), the topography of terror with the headquarters of the SS and the Gestapo. What a sight! The redesign of the city since the fall of the wall is impressive. The work created on the banks of the Spree is gigantic and fills me with admiration, even if the idea of a "critical reconstruction" from time to time resulted in an unsatisfactory compromise, as the historian Etienne Francois found. Architectural change has always been part of the Berlin tradition of adding new elements to a determinedly disparate whole.

Berlin, the Admired...

The political move to Berlin and the transition it signals throws up the nagging question that has been occupying minds and the newspapers on both sides of the Rhine: should one be afraid of the Berlin Republic? In contrast to the French custom of numbering their republics in a Cartesian formula, Germans give theirs the names of cities, which is much more poetic: so after Weimar and Bonn, it's Berlin's turn. This name, according to Martin Walser "just a label", must be understood as the expression of a wish. To overcome 50 years of conflict and division, not just of Berlin and of Germany, but of the whole of Europe. So moving the country's capital from the banks of the Rhine (just a stone's throw from France) to the banks of the Spree (80 kilometres from Poland) seems to me just as natural as German reunification, of which the move is both the symbol and the materialization. It also signals a realization of the new reality and the new balance that Europe has rediscovered in the last 10 years. That has nothing to do with geographism, which would be just as inappropriate as the historical determinism that many wanted to condemn the German people to in times gone by. Berlin was the symbol of a divided continent, now it is an emblem of a new Europe searching for itself.

Berlin, the Torn...

Moving the capital raises a question mark neither about Germany's firm base in the west, nor about its determined advocation of a European "house". I do not share the fears – or perhaps I should say delusions? – of some of my fellow citizens (but also of the Germans) about a renaissance of centralist nationalism. The federally structured German democracy has proven its stability as well as its transparency, two characteristics they have in common with the new Reichstag, in which Paul Wallot's massive base is crowned by Norman Foster's shining, transparent dome.

Berlin, the European...

Berlin will change the image of Germany and the thinking of those in government. A different view of the world will evolve during life in the metropolis, different from Bonn, the cosy government "village". In Berlin, Germany's politicians will become more nationalistic and more international. They will be closer to the daily cares of Germans especially in the former GDR, and at the same time will understand worldwide problems better.

They will develop a capital culture, which is more open, more cosmopolitan, more modern, worthy of a cultural capital which Turgenev lauded as a refuge of European life. One of the great tasks of today is the integration of the young democracies of the east into European civilization. Berlin has a few important trumps up its sleeve: three large opera houses, nearly 50 theatres, well over 100 museums, 200 cinemas, 200 galleries, not to mention people of the ilk of Frank Castorf at the Volksbühne, Thomas Langhoff at the Deutsches Theater or the young Thomas Ostermeier, people brimming over with ideas. The conspicuous amount of talent in Berlin seems to confirm that what Heinrich Heine said in 1822 is still true today: Berlin isn't a city, but a place where people's minds meet.

The choice of Berlin as the new capital is "a new start", to use a phrase coined by the historian Fritz Stern. But it is also a challenge and a promise: a challenge to integrate a disparate whole, and a promise of a united, solidaric, flourishing and peaceful Europe. The attractive force of Berlin will become a pole of stability on our continent. Berlin and Europe need each other. The capital of Germany is one of the nerve centres of an inventive, creative, open, individualistic Europe. The generations of the young will experience Europe here as a natural, sensuous, animating zone of mutual discovery, in which they can get to know and value each other. Berlin is the right place to experience the diversity and wealth of European civilization and its invaluable culture, "born several thousand years ago, evolved, expanded, subdued, repressed, never completely crushed, breathing freely again, reinvigorated and emerging as before in never-ending activities", which gave Goethe's Wilhelm Meister "quite different concepts of what humanity can achieve".

JACK LANG (born 1940)
Chairman of the External Affairs Commitee of the French National Assembly often visited Berlin in the 1960s, a time when he was "crazy about the theatre". The former French Minister of Culture still does his best to get there as often as he can today.

Les nouvelles e les anciennes villes de BERLIN et en couleur

Lorsque l'on entend ce nom, il nous vient à l'esprit des images fortes: Le Grand Electeur, les Huguenots, Frédéric et Voltaire, Mendelssohn, les Humboldts, les barricades de 1848, Grosz, Marlène, le Cabaret, les bombardiers de raisins secs du pont aérien. Je suis Berlinois, John F.Kennedy, le mur de la honte, la Trabant… Berlin n'a jamais cessé d'enrichir les esprits. Elle est bien plus qu'une capitale, Berlin est un des symboles les plus marquants de notre histoire la plus récente. Qui pourrait oublier ce jour incroyable de Novembre 1989, au moment où l'Europe surmontait une crise intérieure. J'ai longtemps vécu à Berlin, cette ville singulière et fascinante. A ce propos, le théâtre y jouait un rôle de médiateur. Le jeune étudiant avide de nourriture spirituelle que j'étais, s'y est rendu en pélerinage afin d'assister aux représentations de quelques pièces de Brecht. Avant tout, le Berliner Ensemble représentait pour les gens de ma génération, un sanctuaire, La Mecque du théâtre, un lieu de pèlerinage dans lequel nous puisions notre inspiration, et qui renforçait nos convictions sur le théâtre, lequel devait servir de la même manière à l'art et le peuple. Aussi intolérable que fût la division de la ville, elle nous donna cependant la possibilité de comparer deux modèles, deux monuments du théâtre moderne, Brecht à l'Est et Peter Stein à la Schaubühne. Je reviens régulièrement à Berlin et je suis toujours animé par cette même passion juvénile et par cette curieuse ferveur. A chaque fois, je succombe aux nombreux charmes de cette ville, que j'y revienne en tant que président du Festival du Cinéma, en tant que participant à la Love Parade ou en touriste occasionnel.

Berlin, la ville aux multiple facettes…

J'aime Berlin la contradictoire, cette ville particulière qui cultive les contrastes comme d'autres villes apportent un soin tout particulier à l'harmonie. Elle ne sera jamais une capitale «tirée à 4 épingles», décorée, elle est une métropole en devenir, en perpétuelle métamorphose, une ville tellement avide de nouveautés qu'elle recrée sans cesse. Avec son paysage d'archipel de petites villes, comme elle l'était déjà à l'époque de Franz Hessel, elle ressemble à un camée changeant. J'aime la beauté plastique de cette ville blanchâtre, les façades remontant à l'époque de l'empereur Guillaume II situées à Schöneberg, la grâce de Heiligensee, les arrière-cours de Wedding, les allées ombragées de Grunewald, les pavés de Käthe-Kollwitz-Platz, l'imposante Schell-Haus, les maisons «grêlées» du Berlin-Centre, les luxueuses villas de la Königsallee, l'éclat du ciel fascinait tant Helmut Newton, le sable de la plage de Wannsee, sans oublier les saucisses au curry (servies avec des frites) et la «Berliner Weisse mit Schuss» une bière de froment avec une pointe de sirop de framboise ou d'aspérula. Malgré sa taille, Berlin reste une ville adaptée à ceux qui aiment flâner, d'un point de vue esthétique aussi bien qu'intellectuel. Ici l'on déambule sur les traces de Walter Benjamin, de Kurt Tucholsky ou de Gottfried Benns, c'est une expérience unique en son genre, tonique et enrichissante. Berlin est la ville des revenants qui emmènent le visiteur sur leur chemin: nous rencontrons Kleist au Wannseeufer, Christopher Isherwood à l'infâme théâtre de variétés, Döblin sur l'Alexanderplatz, John le Carré dans les zones de pénombre. Chamisso à la recherche de son ombre et Fontane dans les maisons bourgeoises soignées de Friedrichstadt. Berlin l'incomparable ne laisse personne indifférent: elle pousse à l'admiration sans bornes ou au rejet sans pitié. Elle est la ville des passions, des extrêmes, des excès, des audaces, des provocations de bon comme de mauvais goût. Elle a un esprit, un coeur et un caractère. Elle est changeante, imprévisible, mystérieuse et discrète. Berlin est un paradoxe, la ville des ruptures et revirements. Si ce que Renzo Piano. le maître de la construction colossale Debis sur la Potsdamer Platz, proclame, est vrai, à savoir: «La beauté d'une ville résulte de ses contradictions», alors Berlin est un summum d'esthétisme. Le romancier Hongrois Péter Esterházy affirme: «le charme de cette ville réside dans sa laideur». Je pense plutôt que l'attrait qu'elle suscite repose sur la confrontation fructueuse des époques et styles. Rien qu'en marchant dans les rues des quartiers Scheunen ou Moabit, on remarque les contrastes qui s'avèrent être un étonnement perpétuel pour les yeux. C'est cette diversité qui envoûte même si elle ne facilite pas une compréhension directe. Et, bien que les artères toutes droites telles que la Friedrichstrasse, Unter den Linden et Kaiserdamm incommodent par le style imposant de leur disposition, c'est la ligne brisée qui représente le mieux cette ville, en témoigne Daniel Liebeskind, avec son musée juif exceptionnel.

Berlin l'élégante...

A mes yeux, Berlin est une femme mystérieuse, qui allie le naturel et l'élégance, la magnanimité et l'impertinence. Elle a les traits de Rahel, Rosa, Else, Claire, Marlène, Hildegard, Katharina. Berlin n'est pas unique, elle est multiple. Paris reste Paris, dit-on, mais Berlin ne reste jamais Berlin. Celle belle énigmatique est si impalpable, éphémére, écartelée. Elle ne séduit pas, elle conquiert. Elle ne charme pas, elle ensorcele. Elle ne se laisse pas dominer, ne laisse pas de consensus s'installer, tant elle esquive à chaque réduction de sa multiplicité. Elle est un feu follet, un prodige qui excite les sens et irrite la raison. On pense qu'on l'a comprise et, à ce moment là, elle dévoile un autre de ses visages, elle égare et suscite le désarroi. Ce fait insolite explique peut être pourquoi elle est le siège de l'ange de Lola-Lola à Damiel. Berlin reste le «chaudron en ébullition» affirmait Harry Kessler au début du siècle. «Cette ville à la fois digne de compassion et séduisante, grise, sordide, délabrée, mais également vibrante d'une vitalité nerveuse, éblouissante, scintillante, phosphorescente, trépidante, pleine de suspense et de promesses», comme l'a dit Klaus Mann. Berlin satisfait à cet équilibre instable, car c'est l'expression de la vie même. Berlin est un funambule. La Berlin géniale décrite si merveilleusement par Ernst Lubitsch, possède de nombreuses facettes: un appétit de vivre énorme, un goût irrépressible pour la modernité, un penchant fort pour la nouveauté, une irrévérence sarcastique et provocatrice, et une tolérance et une hospitalité dont les Huguenots ont profité surtout au 17ème siècle après que Louis XIV les ait expulsés de France. C'est pour cette raison que Berlin a une signification si particulière pour les Français. Bien qu'elle soit parfois étrange, «bizarre» pensait l'écrivain Wolfgang Büscher, l'on se sent dépaysé dans cette ville mais pas étranger. Elle est attrayante, car, de tout temps, elle fut un lieu de passage, de brassage, de rencontre, d'un point de vue humain aussi bien qu'intellectuel. L'ouverture sur l'extérieur est sa mission principale. Je suis heureux de constater, qu'en plus des Turcs, des Grecs et des Italiens, des juifs de Russie reviennent maintenant à Berlin, le quartier de l'Oranienburg Strasse retrouve donc l'animation qu'il connaissait au début du siècle. Berlin a dans les faits, la fonction de pont entre l'est et l'ouest. Berlin est une ville-monde. Elle sert de laboratoire d'idées et d'expériences. Elle n'appartient pas uniquement à ses habitants, mais aussi à tous ceux qui se sentent un lien avec elle, tous ceux qui lui sont redevables de leur liberté. Nous sommes tous Berlinois. Cette ville a à sa disposition une énergie formidable qui permet de toujours se relever et de renaître. Elle puise une nouvelle force dans les épreuves qui lui sont infligées. Grâce à sa vitalité créatrice, elle surmonte les ravages de l'ère industrielle, les dévastations dues aux guerres et les outrages de la division. L'attrait qu'elle exerce réside dans sa capacité à relever tous les défis. Plus ils sont grands, plus sa détemination est grande également. Elle n'a connu d'échec ni dans l'un, ni dans l'autre durant les siècles passés. La particularité de cette ville tient dans son rapport de tension dialectique entre retrait et révolte, entre oubli et souvenir. Cette tension provoque des controverses, comme l'on en voit parfois lors de discussions à propos d'un mémorial en souvenir des juifs assassinés et la reconstruction du palais municipal. Mais cette tension ne conduit pas à la paralysie et à la sclérose, au contraire, elle engendre une dynamique productive et tonique. Berlin ressemble au mur peint de multiples couleurs des années 80. Berlin ressemble à un gigantesque palimpseste Baudelairien qui capture chaque vague en cours pour l'effacer immédiatement de la mémoire. Au demeurant, je trouve déplorable qu'on n'ait pas conservé une plus grande partie du mur, même si le désir d'effacer très vite les douloureuses cicatrices de l'image de la ville soit très compréhensible. Les générations futures auraient pu ainsi saisir les égarements de la guerre froide d'une façon concrète, car aucun mémorial si réussi soit-il n'a la force suggestive d'un lieu authentique.

Berlin, couverte de cicatrices...

La guerre froide a commencé à berlin et elle a pris fin à Berlin. Cette histoire, c'est notre histoire, une histoire commune, parfois douloureuse, parfois heureuse, qui nous unifie et nous relie. Elle a forgé notre époque actuelle. Elle est l'humus dans lequel poussent les idéaux démocratiques, que les peuples européens de l'Est et de l'Ouest ont en commun. L'un des points de départ de cette histoire était le pont aérien, cette action humanitaire extraordinaire qui a renforcé la solidarité entre les Allemands et le monde occidental et qui a célébré son 50 ème anniversaire en 98.

A cette époque, Berlin a cessé de s'identifier au militarisme et à la Prusse et s'est transformée depuis en un symbole moderne de défense de liberté. Via le pont aérien, on n'a transporté uniquement des denrées alimentaires et du charbon, dans le ciel de Berlin est aussi apparu l'espoir, sur lequel repose notre culture. Le pont aérien était le triomphe de tous les Européens.

Berlin, l'angoissante...

La relation de Berlin à l'histoire est extrêmement captivante. La ville de Brandebourg qui s'est développée de façon extraordinaire au 19 ième siècle, a si fortement frappé notre époque que l'on pourrait affirmer que Berlin incarne le 20 ième siècle avec toute sa peine, son déchirement intérieur et ses tragédies les plus graves, mais aussi avec toutes les beautés qu'elle amené avec elle, tous ses rêves et surprises. Berlin est l'illustration de notre histoire et de notre continent qui suscite en nous consternation et admiration. Et, étant donné que chaque ville est un organisme vivant qui préserve les différentes couches du souvenir, je trouvais judicieux de maintenir le monstrueux palais de la République et de reconstruire le palais municipal, témoins de l'évocation urbaine de la continuité mais aussi de la fracture dans l'histoire allemande. Personnellement, j'ai une prédilection toute particulière pour la Zimmerstrasse, une rue à l'ombre des grues et des tours de la Potsdamer Platz. Ce lieu est un condensé de l'histoire de Berlin, mais aussi de celle de l'Allemagne et de l'Europe. Là-bas se trouve le Landtag Prussien en face du bâtiment Martin Gropius. De l'autre côté du mur qui a jadis séparé ici la ville en deux, se trouve le ministère de l'aviation de Göring (l'ancien siège des ministères de RDA et l'actuel siège du ministère des finances) et la topographie de la terreur avec les quartiers généraux des SS et de la Gestapo. La reconstruction urbaine dont fait l'expérience Berlin depuis la chute du mur est impressionnante. Le chef d'œuvre qui fut accompli sur les berges de la Spree   est gigantesque et me remplit d'admiration, même lorsque le concept de «reconstruction critique» débouche parfois sur «un compromis pourri» comme l'a constaté l'historien Etienne François. Cependant, cette modification architecto nique se trouve dans la tradition berlinoise ajoutant de tout nouveaux éléments hétéroclites.

Berlin, l'admirée...

Le profond changement politique et urbain soulève une question lancinante qui occupe les esprits et les journaux des deux côtés du Rhin: doit on avoir peur de Berlin et de la république Berlinoise? Au contraire des Français qui numérotent de façon cartésienne leurs républiques, les Allemands les baptisent du nom d'une ville (ce qui est très poétique), après Weimar et Bonn, maintenant c'est le tour de Berlin. Nous devrions comprendre ce nom qui selon Martin Walser est «une simple étiquette», comme l'expression d'un désir. Il faut maintenant surmonter 50 ans de discordes non seulement à Berlin et en Allemagne, mais aussi en Europe. C'est pourquoi le transfert de la capitale du bord du Rhin (à un saut de puce de la France) sur les rives de la Spree (à 80 kms au nord de la Pologne) m'apparaît aussi naturel que la reconstruction de l'unité allemande, dont elle est le symbole et la concrétisation via ce transfert. Par ailleurs, il tient suffisamment compte de cette nouvelle réalité et de ce nouvel équilibre que l'Europe a retouvé ces dix dernières années. Cela n'a rien à voir avec une question géographique qui au demeurant est aussi inconvenante que le déterminisme historique, que jadis la plus grande partie du peuple allemand voulait condamner. Berlin était le symbole d'un continent divisé, aujourd'hui elle est l'emblème d'une nouvelle Europe qui part à la recherche d'elle même. Le transfert de la capitale ne remet en question ni l'ancrage de l'Allemagne, ni son entrée énergique dans la construction Européene. Je ne partage pas l'appréhension – ou je devrais plutôt dire l'obsession? – de quelques uns de mes concitoyens (mais aussi des allemands) à propos de la résurgence d'un nationalisme centralisé. La démocratie allemande structurée en états fédéraux a également prouvé aussi bien sa stabilité que sa transparence, deux caractéristiques qu'elle a en commun avec le nouveau Reichstag dont l'échafaudage de Paul Wallot a été couronné par le brillant et transparent dôme de Norman Foster.

Berlin, l'Européene...

Berlin va changer l'image de l'Allemagne et la pensée de ses dirigeants. La vie dans la métropole donnera naissance à une vision du monde différente de celle de Bonn, le confortable village fédéral. A Berlin, les politiciens allemands vont devenir «plus nationalistes» et «plus internationalistes». Ils seront plus proches des préocuppations quotidiennes des Allemands, particulièrement dans les nouveaux Länder et en même temps ils comprendront mieux les problèmes à l'échelle mondiale. Ils s'approprieront une »culture de la capitale», une culture plus ouverte, plus cosmopolite, plus moderne, une capitale culturelle respectable dont Turgenjew chanta les louanges en tant que havre pour la vie européenne. Une des plus importantes tâches actuelles est l'intégration des jeunes démocraties de l'Est dans un espace culturel européen. Dans ce but, Berlin a quelques atouts déterminants à proposer: 3 grands opéras, presque 50 théâtres, largement plus de 100 musées, 200 cinémas, 200 galeries, en faisant abstraction des iconoclastes bouillonnant d'idées de l'acabit de Frank Castorf au théâtre populaire de la Volksbühne, de Thomas Langhoff au théâtre allemand ou du jeune Thomas Ostermeier qui casse la baraque. L'accumulation frappante de talents à Berlin semble confirmer que ce que Heinrich Heine prétendait en 1882 est toujours valable aujourd'hui : «Berlin n'est pas une ville, mais plutôt un lieu ou les gens de génie se rencontrent».

Le choix de Berlin pour capitale est selon une remarque de l'historien Fritz Stern, «un nouveau départ». Mais, c'est aussi un défi et une promesse: le défi d'intégrer un tout disparate et la promesse d'une Europe unie, solidaire, florissante, pacifique. L'attrait pour Berlin se transformera en un pôle de stabilité de notre continent. Berlin et l'Europe ont besoin l'une de l'autre. La capitale allemande est un des centres nerveux d'une Europe imaginative, créative, ouverte, volontaire. Ici, les jeunes générations européenes vivront la découverte réciproque d'un espace sensoriel, stimulant, dans lequel ils apprendront à se connaître et à s'apprécier. Berlin est l'endroit idéal pour comprendre la diversité et la culture de la richesse européenne, cette culture inestimable qui a pris source il y a des milliers d'années, qui a grandi, s'est élargie, a été comprimée, n'a jamais complétement été écrasée, a repris son souffle, se regénérant et s'exprimant comme toujours au travers d'innombrables activités, donnant au «Wilhelm Meister» de Goethe tant d'autres concepts que l'humanité peut atteindre.

JACK LANG (année 1940) Président de la commission des affaires étrangères de l'Assemblée Nationale française, s'est souvent rendu à Berlin pendant les années soixantes car il était un "fou de théâtre". L'ancien ministre français de la culture visite aujourd'hui encore la ville de Berlin aussi souvent qu'il ne le peut.

BERLIN, Brandenburger Tor (Stahlstich Mitte 19. Jh.)

Der Blick folgt der barocken Achse von der Berliner Innenstadt in Richtung Charlottenburg. Als Fortsetzung der „Straße unter den Linden" durchschneidet die „Straße des 17. Juni" den großen Tiergarten. Auch der „Große Stern" fällt in die Zeit des Barock, auf dem seit 1938 die Siegessäule steht. Der große Tiergarten war einst das Jagdgebiet der brandenburgischen Kurfürsten. Während der Amtszeit Friedrich des Großen wird der Tiergarten als öffentlicher Park zugänglich gemacht. Peter Joseph Lenné gab dem Tiergarten die Form, mit Wegen, Wasserläufen und Inseln, wie sie bis 1945 existierte.

The Baroque axis guides the onlooker's view from Berlin's inner city towards Charlottenburg. A continuation of the boulevard Unter den Linden, the street "Straße des 17. Juni" cuts the park "Großer Tiergarten" in half. The "Großer Stern", since 1938 the site of the Siegessäule, also dates back to the time of the Baroque. The "großer Tiergarten" used to be the hunting grounds of the electors of Brandenburg. In the time of Frederick the Great the area was transformed into a park for the people. It owes the from in which it existed until 1945, with its paths, canals and islands, to Peter Joseph Lenné.

Le regard suit l'axe baroque du centre de Berlin en direction de Charlottenburg. La rue du 17 Juin prolonge le boulevard Unter den Linden et coupe le parc Tiergarten. Le Grosser Stern (grande étoile) sur lequel s'élève la Colonne de Victoire depuis 1938 date aussi de l'époque baroque. Le Tiergarten était jadis le terrain de chasse des princes-électeurs brandebourgeois et fut transformé en un parc ouvert au public sous Frédéric le Grand. Peter Joseph Lenné L'aménagea avec des allées, des cascades et des îlots, tel qu'il resta jusqu'en 1945.

Der Umbau des Reichstagsgebäudes zum Tagungsort für den Bundestag wirkt als das sinnfällige Symbol für die Verlagerung der politischen Gewichte der Republik von Bonn nach Berlin. Die massive Umgestaltung der Stadtarchitektur vor allem im Ostteil ist sichtbarer Ausdruck der Hoffnung in die künftige wirtschaftliche Strahlkraft Berlins. Am 19. April 1999 wurde das nach den Plänen von Sir Norman Foster umgebaute Reichstagsgebäude vom Deutschen Bundestag übernommen. Die gläserne Kuppel, Wahrzeichen des Gebäudes, ist für Besucher über einem spiralfömigen Aufgang begehbar.

The redesign of the Reichstag building as the place where the Federal government now convenes is an unmistakable symbol of the transition of power in the Republic from Bonn to Berlin. The momentous changes to the city's architecture, especially in the east, are a visible expression of the hopes invested in Berlin's future economic strength and the influence to emanate from it to the surrounding area. On 19th April 1999 the German Bundestag held its inaugural session in the building redesigned by Sir Norman Foster. The glass dome is open to the public.

La reconstruction du Reichstag, nouveau lieu de réunion du Bundestag, est le symbole incontestable du transfert du pouvoir politique de Bonn à Berlin. La modification importante de l'architecture urbaine, particulièrement dans le quartier est, exprime clairement le désir que la ville de Berlin devienne désormais une puissance économique rayonnante. Le 19 avril 1999, le Deutsche Bundestag emménagea dans les nouveaux bâtiments du Reichstag, reconstruit conformément aux plans de Sir Norman Foster. La coupole de verre est également accessible au public.

Das Gebäude hat wieder eine Glaskuppel erhalten, jedoch nicht in der ursprünglichen, historischen Form, sondern in der Architektur des ausgehenden 20. Jahrhunderts. Die Kuppel soll drei Funktionen erfüllen: Eine Besucherplattform lädt zu einem Rundblick über Berlin ein; zugleich sorgt ein licht- und lüftungstechnisches Kegelelement in der Glas- und Stahlkonstruktion der Kuppel für natürliche Belichtung und Belüftung. Schließlich soll die von innen beleuchtete transparente Glaskuppel für die Bundeshauptstadt Berlin ein neues Wahrzeichen sein.

The building again has a glass dome, not, however, in the original historical form but in the architectural style of the late 20th century. The dome has three functions: a viewing platform offers visitors a panorama of Berlin; at the same time a cone-shaped technical feature incorporated into the steel and glass dome construction provides the building with natural light and ventilation. And finally, the internally lit transparent dome is intended to be a new symbol and landmark of the federal capital.

L'édifice a retrouvé sa coupole de verre, non pas dans sa forme historique d'origine, mais dans le style architectural de cette fin de vingtième siècle. La coupole doit remplir trois fonctions: une plate-forme où les visiteurs peuvent admirer une vue panoramique de Berlin. Elle intègre également un élément conique dans la structure même de verre et d'acier qui pourvoie en aération et lumières naturelles. Enfin, cette coupole transparente, illuminée de l'intérieur, donnera un nouvel emblème à Berlin.

Das Brandenburger Tor im Herzen von Berlin wurde nach dem Mauerbau 1961 wie kein anderes Bauwerk zum Symbol der geteilten Stadt. Der Torbau wurde 1788-1791 auf Anordnung König Friedrich II. nach dem Vorbild der Propyläen in Athen geschaffen. Es wird gekrönt durch eine nach Osten fahrende Quadriga mit der Siegesgöttin Victoria. Das Brandenburger Tor war das erste Bauwerk nach griechischem Vorbild in Berlin und sollte der Prachtstraße „Unter den Linden" einen prunkvollen architektonischen Abschluss geben.

The Brandenburg Gate, at the very heart of Berlin, became the prime symbol of the divided city after the construction of the Berlin Wall in 1961. Modelled on the Propylaeum in Athens, the gateway was built between 1788 and 1791 on the orders of King Frederick II. It is crowned by the Quadriga, an east-facing four-horse chariot bearing Victoria, goddess of Victory. The Brandenburg Gate, Berlin's first edifice in greek-style, marks the culmination of the grand boulevard of "Unter den Linden".

Après la construction du mur en 1961, la Porte de Brandebourg au cœur de Berlin devint symbole de la ville divisée. La porte fut érigée en 1788–1791 sous le roi Frédéric II, d'après le modèle des Prophylées d'Athènes. Elle est surmontée d'un quadrige tourné vers l'Est et qui conduit Victoria, la déesse de la victoire. Premier édifice de Berlin bâti en style grec, la Porte de Brandebourg était destinée à fermer le vaste boulevard « Unter den Linden » d'une architecture monumentale.

Zu Recht reitet Friedrich der Große noch heute durch die Straße „Unter den Linden". Das Reiterstandbild, ein Meisterwerk des Bildhauers Christian Daniel Rauch, wurde 1851 enthüllt. Rauch stellte den „Alten Fritz" so dar, wie er im Bewusstsein der Bevölkerung noch heute existiert. An den Ecken des Unterbaues flankieren Prinz Heinrich von Preußen, Herzog Ferdinand von Braunschweig, Friedrich Wilhelm von Seydlitz und Hans Joachim von Zieten, der legendäre Husaren-General mit dem Spitznamen „Zieten aus dem Busch".

Today Frederick the Great can still be seen in his rightful place, riding along "Unter den Linden". This equestrian statue, a masterpiece by the sculptor Christian Daniel Rauch, was unveiled in 1851. Rauch presents 'Old Fritz', as he is affectionately known, as he still exists in the minds of the population today. At the corners of the base of the statue, Frederick's most famous generals, also on horseback, flank the monument: Prince Heinrich of Prussia, Duke Ferdinand of Brunswick, Friedrich Wilhelm von Seydlitz and the legendary hussar Hans Joachim von Zieten, renowned for his bravery in battle.

Monté sur son cheval, Frédéric le Grand surveille encore le boulevard « Unter den Linden ». La statue équestre, un chef d'œuvre de Christian Daniel Rauch, fut dévoilée en 1851. Le sculpteur a représenté le « Vieux Fritz » comme il existe encore dans l'esprit populaire. Au coin du soubassement de la sculpture, quatre célèbres généraux du roi sur leurs montures, le prince Henri de Prusse, le duc Ferdinand de Braunschweig, Friedrich Wilhelm von Seydlitz et Hans Joachim von Zieten, légendaire général hussard au sobriquet « Zieten sort des buissons ».

Viele geniale Architekten haben das Gesicht Berlins geprägt. Der Barockbaumeister Andreas Schlüter und Georg Wenzeslaus von Knobelsdorff, gehören zur Zeit des Rokoko zu den bedeutendsten. Kein anderer aber schuf so bestimmende Werke wie der in Neuruppin geborene Karl Friedrich Schinkel – Musterbeispiele des Klassizismus wie die Neue Wache, das Neue Schauspielhaus am Gendarmenmarkt, das Alte Museum oder die Nikolaikirche in Potsdam. Schinkels Architektur wurde zum Staats-Stil des erstarkenden Preußen nach dem Sieg über Napoleon.

Many architects of great genius have shaped Berlin. The baroque master architect Andreas Schlüter and Georg Wenzeslaus von Knobelsdorff of the rococo period are two of the most significant. Yet none of them created such definitive works as Karl Friedrich Schinkel from Neuruppin - textbook examples of classicism like the Neue Wache, the New Playhouse on the Gendarmenmarkt, the Old Museum or Church of St. Nicholas in Potsdam. Schinkel's style became the hallmark of state architecture, as Prussia rose to power after victory over Napoleon.

De nombreux architectes géniaux ont modelé le visage de Berlin. Andrea Schlüter et Georg Wenzeslaus von Knobelsdorff, passés maîtres dans l'art baroque au temps du rococo, font partie des plus remarquables. Nul autre, à part Karl Friedrich Schinkel né à Neuruppin, n'a accompli de travail aussi déterminant. Des exemples typiques du classicisme: la Nouvelle Garde, le nouveau théâtre sur le Gendarmenmarkt, le vieux musée ou l'église Saint-Nicolas à Potsdam. L'architecture de Schinkel fit office de style d'état de la Prusse en pleine ascension après la victoire contre Napoléon.

ach den Freiheitskriegen gegen Napoleon egann der Aufstieg der preußischen auptstadt zum „Spree-Athen" im Zeichen es Klassizismus. Im ehemaligen Schaupielhaus am Gendarmenmarkt finden heute ur noch Konzerte statt. Jedes Jahr im uni/Juli wird vor dem Schauspielhaus, flaniert von dem Deutschen und dem ranzösischen Dom, das Classic-Open-Airestival veranstaltet.

After the wars of liberation against Napoleon that the Prussian capital and its architecture evolved in classicistic style to become "Athens on the Spree". The former playhouse on the Gendarmenmarkt is now only a venue for concerts. The Classic Open Air Festival takes place each June/July outside the playhouse, flanked on either side by the French and German cathedrals.

Après les guerres pour la liberté menées contre Napoléon, l'ascension de la capitale Prussienne commença à « Spree-Athen », symbole de classicisme. L'ancien théâtre sur le Gendarmenmarkt n'accueille plus aujourd'hui que des concerts. Chaque année en juin et juillet, le festival classique en plein air a lieu devant le théâtre flanqué des cathédrales allemandes et françaises.

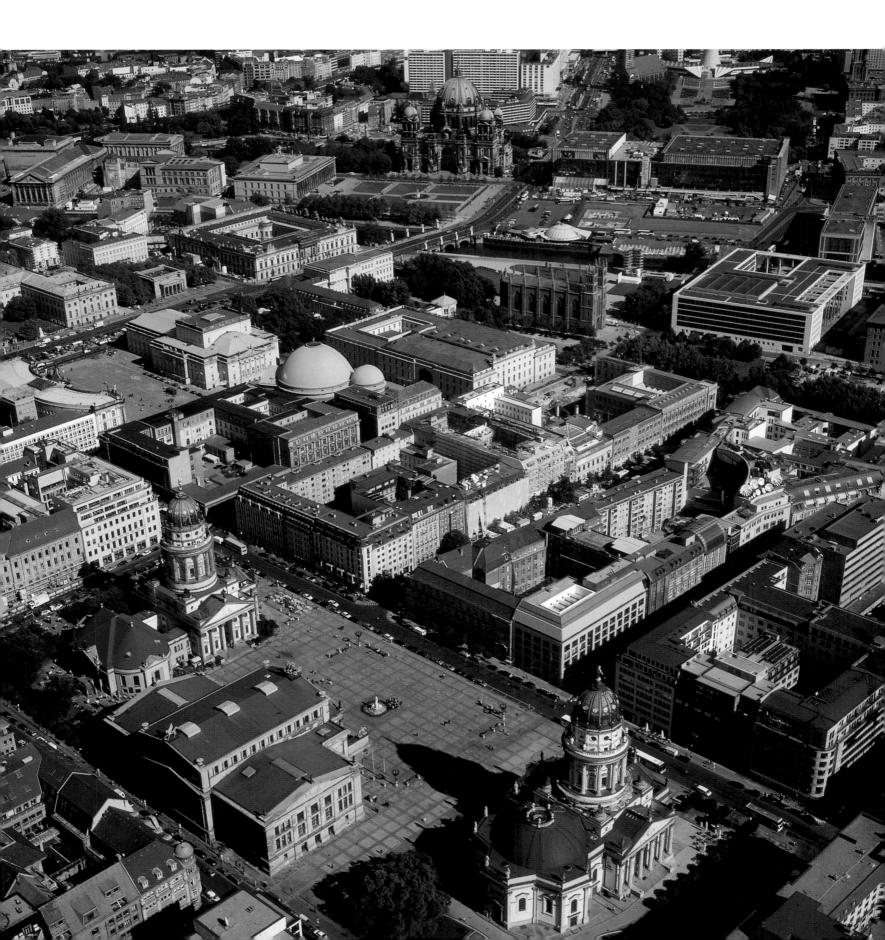

Das älteste Gebäude auf dem um 1735 angelegten Platz ist die Französische Friedrichstadtkirche . 1705 erbaut und 1905 umgebaut, ihre Kriegsschäden wurden 1978 bis 1983 behoben. Ihr gegenüber, an der Südwestecke, steht die 1708 erbaute ehem. „Neue Kirche" der deutschen Gemeinde, deren schwere Kriegsschäden im Äußeren bereits behoben sind. Auf Geheiß König Friedrichs des Großen wurde beiden Kirchen im klassizistischen Stil, 1780-85 nach Carl v. Gontards Entwurf, Kuppeltürme angefügt: der Französische und der Deutsche Dom.

The oldest building in the Gendarmenmarkt, a square laid out in 1735, is the French Friedrichstadtkirche. Built in 1705, it underwent alterations in 1905 and after suffering damage during the war, was restored between 1978 and 1983. Opposite the church, on the south-west side, stands the former Neue Kirche (new church) of the German congregation, built in 1708. It likewise suffered severe war damage but its exterior has since undergone renovation. On the orders of Frederick the Great, domed towers designed by Carl von Gontard were added to the east end of both churches between 1780 and 1785.

Sur cette place aménagée en 1735, l'édifice le plus ancien est la Französische Friedrichstadtkirche. Construite en 1705 et transformée en 1905, elle fut endommagée pendant la guerre et les travaux de rénovation ont été entrepris entre 1978 et 1983. En face se dresse une église construite en 1708 dont l'ancien nom était « Neue Kirche ». En 1780, conformément au souhait de Frédéric le Grand, les deux églises furent coiffées d'une tour à coupole d'après les plans de Carl von Gontard: le Französische Dom et le Deutsche Dom.

Die Friedrichstraße (S. 28/29) ist die alte Nord-Süd-Magistrale, die vom Mehringplatz am Halleschen Tor bis zum Oranienburger Tor verläuft. In der Zeit Friedrich Wilhelm I. war die Friedrichstraße direkte Marschstraße zum Exerzierplatz auf dem Tempelhofer Feld. Noch unter Wilhelm II. nahmen die Truppen hier ihren Weg vom Manöver zum Schloss. Im Berlin der Kaiserzeit wurde die Friedrichstraße erste Geschäfts- und Vergnügungsstraße der Stadt. Um 1900 gab es hier noble Hotels, Banken, Operettenhäuser, Revuepaläste und vieles andere.

Friedrichstrasse (p.28/29) is the old north-south axis, running from Mehringplatz by the Halle Gate to Oranienburg Gate. In the time of Frederick William I, Friedrichstrasse was the direct marching route to the parade ground on Tempelhof Feld. Troops continued to use this route from exercise to the castle in the days of William II. In imperial times Friedrichstrasse was the focus of business and entertainment in the city. Around 1900 there were stylish hotels, banks, operetta houses, music halls and much more besides.

La Friedrichstrasse (p.28/29) est l'ancien axe nord-sud reliant Halleschen Tor à Oranienburg Tor à partir de Mehringplatz. A l'époque de Frédéric Guillaume Ier, les militaires empruntaient la Friedrichstrasse pour se rendre à la place d'exercice sur le Tempelhof Feld. Puis, sous Guillaume II, les troupes passaient ici pour se rendre des manoeuvres au château. A l'époque de l'empereur, la Friedrichstrasse était la rue la plus prisée de Berlin. Autour de 1900, on trouvait ici des hôtels chics, des banques, des salles où se jouaient des opérettes, des salles de music-hall (revues ou cabarets) et d'autres choses.

Die Friedrichstraße (S. 28/29) ist die alte Nord-Süd-Magistrale, die vom Mehringplatz am Halleschen Tor bis zum Oranienburger Tor verläuft. In der Zeit Friedrich Wilhelm I. war die Friedrichstraße direkte Marschstraße zum Exerzierplatz auf dem Tempelhofer Feld. Noch unter Wilhelm II. nahmen die Truppen hier ihren Weg vom Manöver zum Schloss. Im Berlin der Kaiserzeit wurde die Friedrichstraße erste Geschäfts- und Vergnügungsstraße der Stadt. Um 1900 gab es hier noble Hotels, Banken, Operettenhäuser, Revuepaläste und vieles andere.

Friedrichstrasse (p.28/29) is the old north-south axis, running from Mehringplatz by the Halle Gate to Oranienburg Gate. In the time of Frederick William I, Friedrichstrasse was the direct marching route to the parade ground on Tempelhof Feld. Troops continued to use this route from exercise to the castle in the days of William II. In imperial times Friedrichstrasse was the focus of business and entertainment in the city. Around 1900 there were stylish hotels, banks, operetta houses, music halls and much more besides.

La Friedrichstrasse (p.28/29) est l'ancien axe nord-sud reliant Halleschen Tor à Oranienburg Tor à partir de Mehringplatz. A l'époque de Frédéric Guillaume Ier, les militaires empruntaient la Friedrichstrasse pour se rendre à la place d'exercice sur le Tempelhof Feld. Puis, sous Guillaume II, les troupes passaient ici pour se rendre des manoeuvres au château. A l'époque de l'empereur, la Friedrichstrasse était la rue la plus prisée de Berlin. Autour de 1900, on trouvait ici des hôtels chics, des banques, des salles où se jouaient des opérettes, des salles de music-hall (revues ou cabarets) et d'autres choses.

▲ FRIEDRICHSTRASSE, Galleries Lafayette   ▼ FRIEDRICHSTRASSE mit „Planet Hollywood"   Galleries Lafayette ▶

Das städtebaulich ausgeformte Forum Friedericianum zeigt das feine Maß und Gleichgewicht friederizianischer Architektur. Diese Klarheit steht im Gegensatz zur Explosivkraft der Kuppeltürme am Gendarmenmarkt (1780-1785). An der Straße „Unter den Linden" zeigt sich die zur Antike neigende Geschmacksrichtung Friedrich II. Das Bauensemble hatte er bereits in seiner Kronprinzenzeit in Rheinsberg zusammen mit seinem Freund, dem Architekten Georg Wenzeslaus von Knobelsdorff geplant: ein Opernhaus, ein Akademiegebäude und ein königliches Residenzschloss.

The Forum Fridericianum is a fine example of the skilled attention to proportion and balance displayed by Frederick the Great's fine contributions to Berlin's urban architecture. This clear, restrained style stands in stark contrast to the forceful dominance of the domed towers of the Gendarmenmarkt (1780-85). Frederick the Great's fondness for the antique world makes itself felt all along the boulevard of "Unter den Linden". The plans included an opera house, an academy building and a royal residence.

Le Forum Fridericianum est un exemple de proportions équilibrées de l'architecture néo classique à l'époque de Frédéric le Grand. Cett sobriété offre un contraste avec le faste de tours à coupole du Gendarmenmarkt (1780 1785). La rue « Unter den Linden » montr l'intérêt du roi pour l'Antiquité. Alors qu'il n'éta encore que prince royal à Rheinsberg, il conf les plans pour cet ensemble architectural à so ami Georg Wenzeslaus von Knobelsdorff. L projet comprenait un opéra, une académie de arts ainsi qu'une résidence royale.

Die Staatsoper „Unter den Linden" wurde 1741-1743 nach den Plänen Knobelsdorffs als „Königliche Hofoper" erbaut. Aus dieser Zeit ist nur noch der Säulenportikus „Unter den Linden" erhalten. Feuersbrünste und Zerstörungen während des Zweiten Weltkrieges führten immer wieder zu Neu- und Umbauten. Chefdirigent und künstlerischer Leiter des Hauses ist Daniel Barenboim. In unmittelbarer Nähe befindet sich das Gebäude der ehemaligen Singakademie. Das Maxim-Gorki-Theater hat hier seine Bühne.

The opera house "Deutsche Oper" at "Unter den Linden" hat been built in 1741-1743 as the "Royal Court Opera", to plans by Knobelsdorff. From this period, only the portico of columns at "Unter den Linden" is preserved. Fires and destruction during World War II resulted in repeated rebuilding and remodeling. Today, Daniel Bareboim is the chief conductor and artistic director of the house. Close to its the building of the former academy of singing.

L'Opéra national « Unter den Linden » érigé de 1741 à 1743 par Knobelsdorff. Aujourd'hui, il ne reste que le portique à colonnades de l'ancien « Opéra de la Cour royale » L'édifice fut reconstruit plusieurs fois après avoir subi de graves dégâts durant la dernière guerre. Daniel Barenboim est le chef d'orchestre et directeur artistique du théâtre. A proximité se trouve l'ancienne Académie de chant, bâtie en 1825-1827 par Karl Theodor Ottmer. Elle abrite aujourd'hui le théâtre Maxime Gorki.

Das frühklassizistische Gebäude der Berliner Universität (seit 1810) wurde in den Jahren 1748–53 als Stadtresidenz Prinz Heinrichs von Preußen, dem Bruder Friedrich des Großen, errichtet. Direkt nebenan steht das Zeughaus, welches 1706 als Waffen- und Kriegstrophäen-Arsenal gebaut wurde. Das klassizistische Gebäude sollte, wie auch die übrigen Gebäude, in der monumentalen Mitte Berlins (Stadtschloss, Altes Museum, Berliner Dom), die politisch-militärische Vormachtstellung der Hohenzollern symbolisieren. Heute befindet sich hierin das Deutsche Historische Museum.

The neo-classical buildings of Berlin's Humboldt University (since 1810) were constructed between the years 1748 and 1753. Directly beside the Humboldt University stands the Zeughaus, or Armory. It dates from 1706 and originally served as an arsenal to store weapons and the trophies of war. With its late baroc facade, its main purpose, like much of the other monumental architecture at the heart of Berlin (Stadtschloss, Old Museum, Berlin Cathedral), was to symbolise the military supremacy of the Hohenzollern dynasty. Today it houses the German Historical Museum.

L'édifice de style classique de l'université berlinoise (dès 1810), construit entre 1748 et 1753, fut la résidence citadine du prince Henri de Prusse, frère de Frédéric II le Grand. Juste à côté, se dresse le Zeughaus, construit en 1706 pour abriter l'arsenal et les trophées de guerre. Le château de la ville, l'Ancien Musée, la cathédrale de Berlin et le Zeughaus devaient former un ensemble monumental, au coeur de Berlin, pour symboliser la puissance politique et militaire des Hohenzollern. Le Zeughaus abrite aujourd'hui le Musée de l'histoire allemande.

ür den westlichen Abschluss der Straße „Unter en Linden" entwarf der bedeutendste deutsche rchitekt des 19. Jh., Karl Friedrich Schinkel, die 822-1824 erbaute Schlossbrücke. Die acht Marmorgruppen auf den hohen Postamenten eigen das Leben eines Kriegers unter der eitung der Göttinnen Nike, Minerva, Iris und alas Athene. Friedrich der Große hatte am ustgarten zwischen 1747 und 1750 einen Dom rrichten lassen, den Schinkel 1820-1822 umge- taltete. Dieser Schinkelbau wurde 1893 abgeris- en, um den heutigen Dom-Neubau z.Z. Kaiser- Vilhelm II. für 10 Mio. Goldmark zu errichten.

The western terminus of the boulevard Unter den Linden, the Schlossbrücke built in 1822-1824, was designed by the most important German architect of the 19th century, Karl Friedrich Schinkel. The eight marble groups of statues on high pediments depict the goddesses Nike, Minerva, Iris and Pallas Athene. The cathedrale in the Lustgarten, which Frederick the Great had built in 1747-1750, was also remodeled by Schinkel, in 1820-1822. It was torn down in 1893 in order to clear the building-site for a new cathedral. In 1892, the Prussian diet had allotted 10 million goldmarks for the new building.

Le pont « Schlossbrücke » qui ferme le boule- vard Unter den Linden à l'ouest, a été bâti entre 1822 et 1824 par Karl Friedrich Schinkel, le plus grand architecte allemand du 19e siècle. Les huit statues en marbre perchées sur hauts pié- destaux figurent les déesses Nike, Minerva, Iris et Palas Athene. Frédéric le Grand fit ériger une cathédrale au Lustgarten entre 1747 et 1750 que Schinkel transforma en 1820. Cet édifice fut rasé en 1893 pour laisser la place à la cathédrale actuelle. Le Parlement prussien alloua 10 millions de marks-or pour la construc- tion du nouvel édifice (1894-1905).

Der Dom wurde unter Kaiser Wilhelm II. von Julius Raschdorf geplant und von 1894 bis 1905 errichtet. Immer wieder von Kunsthistorikern als Verfall der Baukunst kritisiert, findet der Dom erst heute als Dokument des Bauens der Kaiserzeit seine baugeschichtliche Einordnung. Der im Stil der italienischen Hochrenaissance gestaltete Dom wurde während des Zweiten Weltkrieges schwer beschädigt. Der Wiederaufbau begann 1974. In der Gruftkirche befinden sich fast 100 Hohenzollernsärge, darunter Sarkophage, die Andreas Schlüter entworfen hat.

Sponsored by Emperor Wilhelm II , Julius Raschdorf was contracted to do the planning. The church was erected between 1894 and 1905. Art historians have called it a decline in achitecture and only recently has it been granted its proper place in the history of architecture as a typical example of building in the Imperial Period. Built in the Italian High Renaissance style, it was heavily damaged in World War II. Reconstruction began in 1974. The crypt contains more than 100 coffins of the Hohenzollern, among them sarcophagi designed by Andreas Schlüter.

Les historiens d'art ont longtemps considéré la cathédrale comme un document de la décadence architectonique avant d'accorder une place dans l'histoire à l'architecture de cette époque. L'édifice en style de la Renaissance italienne a été gravement endommagé pendant la Seconde Guerre mondiale. Sa reconstruction a commencé en 1974. Une centaine de membres de la famille des Hohenzollern reposent dans la crypte. Quelques-uns des sarcophages ont été réalisés par Andreas Schlüter.

Das Bild zeigt das noch nicht fertige Regierungsviertel am Spreebogen. Hinter der Berliner Kongresshalle („Betonauster" genannt) erhebt sich der würfelartige weiße Bau, das Bundeskanzleramt. Ganz links sieht man in mittlerer Bildhöhe das Schloss Bellevue, welches schon seit 1959 Amtssitz des Bundespräsidenten ist. Der ovale Bau davor ist das Bundespräsidialamt. Das Schloss Bellevue wurde 1785-1786 von Michael Philipp Boumann erbaut und ist kunstgeschichtlich hochinteressant. Der am Ende des Barocks entstandene Bau deutet bereits auf den Klassizismus hin.

The photograph shows the as yet incomplete government quarter overlooking a sweep of the River Spree known as the Spreebogen. Behind the Berlin Congress Hall (nicknamed the 'Concrete Oyster') can be seen the square white box-like building of the German Chancellery. In the middle at the far left stands Schloss Bellevue, which has served as the residence of the President of the German Republic since 1959. The oval building directly in front of it is the Presidential Office. Schloss Bellevue was built between 1785 and 1786 by Michael Philipp Boumann and is of considerable art-historical interest.

La photo montre le Regierungsviertel (quartier du gouvernement) en construction. La Palais de congrès de Berlin s'élève derrière le bâtiment cubique blanc qui abritera la chancellerie. Sur la gauche, à mi-hauteur de l'image, on aperçoit Schloss Bellevue, siège officiel de la présidence fédérale depuis 1959. L'édifice ovale devant le château abrite l'administration présidentielle. Schloss Bellevue, érigé en 1785/1786 par Michael Philipp Boumann, est un ouvrage architectural très intéressant. Bâti à la fin de la période baroque, il présente déjà de nombreux éléments de style néoclassique.

Der Buchhändler Christoph Gottlieb Nikolai gründet in der Heiliggeiststraße 1713 die Nikolaische Verlagsbuchhandlung, in der zugleich Bücher verkauft und verlegt wurden. Nach ihm wurde das Nikolaiviertel benannt, welches im 2. Weltkrieg zerstört, jedoch noch zu DDR-Zeiten wieder aufgebaut wurde. Im Bild sieht man den roten Klinkerbau des Rathauses für den Senat von Berlin, den Fernsehturm und dahinter den Alexanderplatz.

The bookseller Christoph Gottlieb Nicolai founded the Nicolai bookshop cum publishing house in Heiliggeiststrasse in 1713, where books were both published and sold. The Nicolai Quarter, destroyed in the 2nd World War but rebuilt under the Communist regime, is named after him. The photo shows the red-brick Town Hall building, seat of the Berlin Senate, the TV-Tower and behind him can be seen the Alexanderplatz.

En 1713, le libraire Christophe Gottlieb Nicola fonda la maison d'édition et librairie Nicolai dan la Heiliggeiststraße dans laquelle on vendait e on éditait en même temps des livres. Le quartie Nicolai porte son nom; celui-ci fut cependan détruit pendant la seconde guerre mondiale mais reconstruit à l'époque de la R.D.A. Sur l photo, on aperçoit le clinker rouge de l'hôtel d ville symbolisant le Sénat de Berlin, le tour d télévision et derrière l'Alexanderplatz.

er Neptunbrunnen war ein Geschenk der tadt Berlin an Kaiser Wilhelm II. (1888). Er wurde 891 auf dem Schlossplatz errichtet. Nach 1945 t der Brunnen, der während der Kriegszeit ine Schutzummauerung erhalten hatte, abge- aut worden. Die einzelnen Teile wurden bis 969 magaziniert. In der Mitte des von einhold Begas geschaffenen Brunnens sitzt eptun in einer großen Muschelschale. Am eckenrand symbolisieren weibliche Figuren ie Flüsse Rhein, Elbe, Weichsel und Oder. Seit em 1. Oktober 1991 ist das Rathaus im intergrund Sitz des Berliner Senats.

The Neptune Fountain was the city's present to Emperor Wilhelm II (1888). It was erected in 1891 opposite the junction of Schlossplatz and Breite Straße. During World War II it was bricked in. After 1945, it was dismanteld and put into storage until its reassembly in 1969 near the church Marienkirche. Designed by Reinhold Begas, it depicts Neptune sitting in a great shell in the centre of fountain. On the edge of the basin female figures symbolise the rivers Rhine, Elbe, Weichsel and Oder. The city hall in the background has been the seat of the Berlin Senate since October 1,1991.

La fontaine de Neptune (1888), œuvre de Reinhold Begas, est un cadeau de la ville de Berlin à l'empereur Guillaume II. Elle se dresse d'abord sur la place du château, en face du débouché de la Breitenstrasse. Protégée par un mur pendant la guerre, elle fut démantelée après 1945 et reconstruite près de l'église Ste Marie en 1969. Neptune trône dans un grand coquillage au cen- tre de l'œuvre d'art. Les statues de femmes qui décorent les bords du bassin symbolisent les grands fleuves européens, le Rhin, l'Elbe, l'Oder et la Vistule. L'hôtel de ville à l'arrière-plan est le siège du Sénat de Berlin depuis 1991.

In der Nähe des mittelalterlichen Zentrums Berlins, des Molkenmarktes, wurde anlässlich der 750-Jahrfeier der Stadt das Nikolaiviertel neu errichtet. Im Mittelpunkt der Neubauten steht die ebenfalls rekonstruierte Nikolaikirche, die bis zum Beginn der 80-er Jahre als Kriegsruine im freien Raum stand. Altbauten sind nur die Häuser Poststraße 12, 23 und 30. Die älteste Pfarrkirche Berlins ist die Nikolaikirche. Aus der Zeit um 1230 stammt das Untergeschoss des Westturmes aus beschlagenen Findlingen. In der zweiten Hälfte des 15. Jh. entstand der heutige Backsteinbau, der nur noch durch den 1876-1878 geschaffenen

For the 750-year-celebration of the city, the "Nicolai"-quarter near the medieval centre of Berlin, the Molkenmarkt, was rebuilt. The restored church Nikolaikirche, which, as a ruin from the war, dominated an otherwise empty space until th beginning of the eighties, now stands among new buildings. Only the houses Poststraße 12, 23 and 30 are original. The Nikolaikirche is the oldest parish church in Berlin. The lower storey of the western tower, built of hewn boulders, dates back to 1230. The brick building of today was built in the second half of the 15th century. The only change to

A l'occasion des 750 ans de Berlin, le quartier Saint-Nicolas a été reconstruit près du Molkenmarkt, le cœur médiéval de la ville. Son centre en est la Nikolaikirche, également restaurée, qui se dressait sur un vaste terrain découvert jusqu'au début des années 80. La partie inférieure de la tour ouest date de 1230; le reste de l'église en briques a été construit dans la deuxième moitié du 15e siècle; les tours néogothiques ont été ajoutées en 1876-1878. Des oeuvres racontant l'histoire de Berlin et provenant des collections du Märkischemuseum (musée de la Marche) sont exposées à

eogotischen Turmaufbau mit zwei Turmhelmen erändert wurde. In die Zeit Friedrich des Großen tand das Palais Ephraim an der damaligen Ecke Poststraße/Mühlendamm. Ephraim war Hof-Juwelier und Bankier. Er prägte für Friedrich II. Münzen. Das 1766 erbaute Barockhaus wurde 1935 wegen der geplanten Verbreiterung des Mühlendammes abgetragen. Die in West-Berlin agernden Fassadenteile wurden 1983 nach Ostberlin zurückgegeben. Das rekonstruierte Palais wurde etwa zwölf Meter vom ursprüngli-hen Standort in die Poststraße zurückgesetzt.

date has been the construction of a Neo-Gothic tower with two cupolas in 1876-1778. The Palais Ephraim at the corner of Poststraße and Mühlendamm dates back to the time of Frederick the Great. Ephraim was a jeweller and financier at court and minted Frederick´s coins. Due to plans for the widening of Mühlendamm, the Baroque building was dismantled in 1935. Parts of the facade, which were stored in West Berlin, were given back to East Berlin in 1983. The palace was reconstructed at Poststraße, about 12 metres from its original site. Today, its rooms are used for exhibitions.

l'intérieur de l'édifice gothique de type halle. Les seuls véritables édifices anciens du quartier sont les maison n° 12, 23 et 30 de la Poststrasse. Le palais Ephraim à l'angle des rues Poststrasse/Mühlendamm date de l'époque de Frédéric le Grand. Ephraim était joaillier de la cour, banquier et estampeur de la monnaie du royaume. La résidence baroque fut démante-lée en 1935 durant l'élargissement du Mühlendamm. Les morceaux de la façade, ent-reposés à Berlin-Quest, retournèrent à Berlin-Est en 1983 où le palais fut reconstruit à environ douze mètres de son emplacement d'origine.

Das Nikolaiviertel bezeichnet man als die Wiege Berlins, dessen erste schriftliche Überlieferung aus dem Jahr 1244 stammt. Der Name dieses Brauhauses leitet sich vom heiligen Georg ab, dessen Statue sich in unmittelbarer Nähe des Brauhauses befindet. Sie wurde 1855 vom Bildhauer Kiss für einen Hof des Berliner Schlosses geschaffen. Nach einigen Zwischenstationen fand die Plastik hier ihren Platz direkt an der Spree.

The Nikolaiviertel, or St Nicholas quarter, is known as the cradle of Berlin. The district was first recorded in 1244. The brewery in the picture is named after St George, whose statue stands in the neighbourhood. This figure was made in 1855 and was originally designed to grace the courtyard of the Berlin royal palace. After being moved several times, it finally came to rest here beside the river Spree.

Le Nilkolaiviertel, considéré comme le berceau de Berlin, fut mentionné pour la première fois dans un manuscrit en 1244. Le nom de cette brasserie a été emprunté à Saint-Georges dont la statue se trouve à proximité. Elle a été créée en 1855 par le sculpteur Kiss pour la cour du Berliner Schloss et elle a finalement été installée ici, juste au bord de la Spree.

Im Alten Berlin am Märkischen Ufer, unweit der Fischerinsel, liegt in dem sogenannten „Fischerkietz" ein Museumsschiff mit Restaurant vor Anker. Hier waren bis ins 15. Jahrhundert die Fischer- und Schiffergilden vom alten Cölln ansässig. Die Spreefischer hatten hier ihre Segelboote liegen und ernährten sich vom Fischfang in der Spree, die zu dieser Zeit noch weitgehend sauberes Wasser hatte. Vom Museumsschiff aus hat man einen guten Blick nach Alt-Berlin mit dem Rathaus des Berliner Senats (roter Klinkerbau), dem Stadthaus mit der runden Turmkuppel und dem Fernsehturm.

In the so-called 'Fischerkietz' on the Märkishen Ufer in old Berlin, not far from the Fischerinsel, this museum ship lies at anchor. Up to the 15th century it was in this district that the fishermen's and seaman's guilds could be found, in the part of Berlin once known as Cölln. The fishermen of the river Spree moored their sailing vessels here and fish caught in the (at that time unpolluted) Spree was their staple diet. From the museum ship there is a good view of Old Berlin, including the town hall of the Berlin Senate, the 'Stadthaus' with its domed tower and the television tower.

Dans le vieux Berlin, non loin de la Fischerinsel (île aux pêcheurs), est ancré un bateau-musée avec un restaurant dans un quartier nommé »Fischerkiez«. Jusqu'au 15e siècle, les corporations de pêcheurs et de marins de l'ancienne bourgade Cölln s'étaient installées à cet endroit. Les pêcheurs de la Spree y ancraient leurs voiliers et se nourrissaient du poisson qu'ils pêchaient dans le fleuve dont l'eau n'était pas encore polluée. Depuis ce bateau-musée on peut contempler l'hôtel de ville, siège du Sénat de Berlin, la Stadthaus avec sa coupole et la tour de la Télévision.

Die Museumsinsel liegt zwischen zwei Spree-armen im Alten Berlin. 1912-1930 wurde das Pergamonmuseum für die Antikensammlungen, der Islamischen und der Ostasiatischen Sammlung gebaut. Die Antikensammlungen zählen zu den bedeutendsten der Welt. Mittelpunkt der Sammlung ist die Westseite des Pergamonaltares, der 180-160 v. Chr. in der heutigen Türkei erbaut wurde und Athena und Zeus geweiht war. Weitere Höhepunkte sind das Markttor von Milet, (120 n. Chr.), sowie das Istartor in der Abteilung Vorderasiatisches Museum.

Museum Island, located between two branches of the Spree, is rounded off by the Pergamon Museum, built between 1912 and 1930, with its classical, Islamic and east Asian collections. The classical collection is among the finest in the world. Its centrepiece is the west part of the altar of Pergamon, erected in 180-160 B.C. and dedicated to Athena and Zeus. Other highlights are the market gate of Milet, about 120 A.C., and the Ishtar-Gate in the museum of Asia Minor.

L'île aux musées, logée entre deux bras de la Spree dans le vieux Berlin, a été complétée par la construction du musée de Pergame entre 1912 et 1930 avec une collection d'antiquités d'islam et et du sud-est asiatique, parmi les plus belles au monde. Le chef-d'œuvre de la collection est le côté ouest de l'autel de Pergame, construit en 180-160 avant Jésus Christ et consacré à Athéna et à Zeus. Deux autres très belles œuvres sont à citer: la porte du marché de Milet, datant de 120 après Jésus Christ et la porte d'Ischtar dans la collection classique.

Markttor von Milet   ▲ Pergamon-Altar   ▼ Istartor von Babylon

ach der staatsbürgerlichen Gleichstellung der uden im 19. Jahrhundert wuchs die jüdische emeinde in Berlin rasant an. Die Vernichtung er Synagoge in der Progromnacht vom . zum 10. November 1938 verhinderte der olizeiinspektor Wilhelm Grützfeld. – In der ähe des Reichstagsgebäudes entsteht das neue undeskanzleramt mit diversen Nebengebäuden owie der neue Lehrter Bahnhof. Alle anderen undesministerien wurden in sanierte Altbauten n verschiedenen Stellen in Berlin untergebracht. ür das Innenministerium (Bild u.) wurde ein eubau der Firma Bolle angemietet.

After the Jews received equal civic rights in the 19th century, the Jewish community in Berlin grew rapidly. In 1938 a police officer Wilhelm Grützfeld prevented its destruction during the night of the pogrom, November 9-10. – Not far from the Reichstag, building work is progressing on the new Lehrte railway station and on the new German Federal Chancellery, with its various annexes. All the other Federal Ministries are located in renovated buildings in various parts of Berlin except for the Ministry of the Interior, which is housed in modern rented premises (see below).

La communauté juive se développa rapidement à Berlin quand les Juifs obtinrent au 19e siècle les mêmes droits civiques que les autres citoyens. L'édifice échappa à la destruction durant le pogrome de la nuit du 9 au 10 novembre 1938 grâce à l'intervention de l'inspecteur de police Wilhelm Grützfeld. – Le complexe de la nouvelle chancellerie et la Lehrter Bahnhof (gare) s'élèveront bientôt près de l'édifice du Reichstag. Divers ministères sont installés dans d'anciens bâtiments réhabilités, situés dans différents quartiers de Berlin. Une construction moderne abrite le ministère de l'Intérieur (photo ci-dessous).

Das Theater mit den höchsten Besucherzahlen ist heute das Deutsche Theater in der Schumannstraße. Max Reinhardt und Heinz Hilpert haben hier Theatergeschichte geschrieben. Neben diesem Theater existieren noch die Kammerspiele und die Kleine Komödie: Das Deutsche Theater hat sich auf Klassik spezialisiert. Unweit am Schiffbauerdamm liegt das Theater „Berliner Ensemble" und direkt um die Ecke in der Friedrichstraße ist Berlins größtes Revue-Theater: der Friedrichstadtpalast. 1984 wurde der Neubau eröffnet. Er bietet 2.000 Besuchern Platz und ist mit mehreren Bühnen ausgestattet.

Today the theatre with the draws the largest crowds is the "Deutsches Theater" at Schumannstraße. Here, Max Reinhardt and Heinz Hilpert wrote a chapter in the history of theatre. Today, its productions concentrate on classical authors. Furthermore, there are the stages for the "Kammerspiele" and "Kleine Komödie". Not far away, at the Schiffbauerdamm, stands the former "Theatre am Schiffbauerdamm". Near Friedrichstraße there is Berlin's biggest revue theatre, the "Friedrichstadtpalast". It seats 2000 visitors and has several stages.

Les théâtre classique le plus fréquenté actuellement est sans aucun doute le » Deutsche Theater « situé dans la Schumannstrasse et où se produisaient les grands comédiens Max Reinhardt et Heinz Hilpert. Deux autres salles, la » Kammerspiele « et la » Kleine Komödie « existent encore à côté de ce théâtre traditionnel. Le » Friedrichstadtpalast «, la plus grande salle de music-hall de Berlin se trouve près de la Friedrichsstrasse. L'établissement restauré, ouvert en 1984, contient plus 2000 places et plusieurs scènes.

Seit 1997 wird jedes Jahr extra eine Hymne zum Thema der Love-Parade komponiert, das Motto der Parade steht immer im Namen der Liebe. Phantasievoll und oft leicht bekleidet ziehen die Techno-Freaks im Juli über die „Straße des 17. Juni" Richtung Siegessäule und Brandenburger Tor. Aus DJ Dr. Motte's Geburtstagsfeier mit 150 Gästen wurde mit den Jahren ein Zug aus über 51 immer größer werdenden Paradewagen, wo jeder mit ca. 20.000 Watt Lautstärke die Menge in Stimmung bringt. Die Love-Parade ist mit über 1,5 Mio. Musikbegeisterten der Techno- und Houseszene die größte Party der Welt geworden.

Since 1997 a new anthem has been composed each year for the Parade celebrating love. Each July, the often sparsely clad techno-freaks in their imaginative outfits parade up the Avenue of the 17th June towards the Victory Column and the Brandenburg Gate. After the first Love Parade in 1989 with 150 people and one music truck growes the parade up, they numbered no less than 51 ever-bigger floats, each with 20,000-watt loudspeakers creating an electric atmosphere. The Love Parade with its 1.5 million music enthusiasts has become the largest party of its kind in the world.

Depuis 1997, on compose chaque année un hymne sur le thème de la Love-Parade. Le défilé a toujours l'amour comme devise. Au mois de juillet, les fans de techno souvent vêtus de tenues légères et excentriques défilent sur l'avenue du 17 juin en direction de la colonne de la victoire et de la Porte de Brandebourg. Le cortège est composé de 51 véhicules de Parade ne cessant constamment de croître et où chacun met de l'ambiance dans la foule avec environ 20.000 Watt de volume. Avec plus de 1,5 million de fans de techno et de house, la Love Parade est devenue la plus grande soirée du monde.

urch das Musical „Linie 1" ist die Hochbahnstrecke, die immer noch Linie 1 ist, weit über die Grenzen Berlins hinaus berühmt geworden. Zwischen den Stationen Gleisdreieck und Möckernbrücke befindet sich das Deutsche Technikmuseum. Die Hochbahn-Station war zum Teil wegen der Teilung Berlins in Ost und West stillgelegt, so dass bis 1990 der Bahnhof Nollendorfplatz in einen originellen Flohmarkt mit urigem Bahnhofsrestaurant umfunktioniert worden war und sich „Nolle" nannte.

The overhead railway has always been known as 'Linie 1' and the musical of the same name has made this length of track famous far beyond the borders of Berlin. During the time when Berlin was a divided city, the overhead railway was partially closed. The Nollendorf Platz fell into disuse and became the site of an unusual flea market known as the 'Nolle', with a delightful old-fashioned station restaurant. But this well-loved Berlin meeting-place ceased to exist after the destruction of the Berlin wall.

Grâce à la comédie musicale »Ligne 1«, ce métro aérien qui s'appelle toujours Ligne 1, est connu bien au-delà des frontières de Berlin. Entre les stations Gleisdreieck et Möckernbrücke se trouve le Musée Allemand des Techniques. Une partie de la ligne de ce métro aérien était fermée à cause du Mur, de sorte que la station Nollendorfplatz avait été transformée en un marché aux puces original appelé »Nolle« et le buffet de la gare en un restaurant insolite. La remise en service de la ligne après la chute du Mur supprima ce lieu de rencontre apprécié des Berlinois.

Am Potsdamer Platz wird Berlins totes Herz in diesen Jahren wiederbelebt und entsteht als pulsierende, brodelnde Mitte des 21. Jh. neu. Ein Mythos bekommt hier eine neue Struktur. Es entsteht ein Stück Großstadt als Experiment, das historisch ohne Beispiel ist. In nur wenigen Jahren entstand hier, was sonst in Jahrzehnten, wenn nicht Jahrhunderten wächst: Eine gleichwertige Mischung aus Wohnen und Arbeiten, ein pulsierendes Miteinander von Kommerz und Kultur, von Politischem wie Privatem - eben all das, was ein lebendiges Stadtviertel ausmacht.

Potsdamer Platz, once the dead heart of Berlin, is at this moment being brought back to life, rejuvenated as the pulsing, swirling centre of Berlin in the 21st century. A myth is being reborn, restructured, for here a section of a great capital city is being created as an experiment that is without historical precedent. In the course of only a few years there emerge here something that usually takes decades, if not centuries, to develop – a balanced mixture of living and working areas, a vigorous association of commerce and culture, the political and the private.

Le cœur de Berlin bat à nouveau au Potsdamer Platz et cette place sera le centre de la capitale allemande du 21e siècle. Un mythe est en train de naître et l'expérience est unique. On tente de construire ici, en années seulement, ce qui normalement demande des décennies, voire des siècles: un mélange harmonieux entre l'habitat et le travail, entre le commerce et la culture, la vie politique et la vie privée - en un mot, tout ce qui rend un quartier vivant.

ie nostalgischen Erinnerungen an den alten otsdamer Platz sind versunkene Welten. Es ann uns nicht darum zu tun sein, sie zu restau-eren, aber wir können uns vor Augen führen, ass wir hier auf historischem Grunde bauen. Die Vüstenei, die der Potsdamer Platz bis vor kurz-m noch war, markierte nach dem Zweiten Veltkrieg eine hässliche Narbe des Kalten Krieges, inen tragischen Schauplatz der deutschen eilung. Jahrelang führte der Potsdamer Platz als otes Herz unserer Stadt ein tristes Dasein im Vindschatten der Geschichte - dabei lag hier ein-mal einer der verkehrsreichsten Plätze Europas.

The Berlin of old is a world that is gone forever. If we cannot set about restoring it, we should always keep in mind that here we are building on historic foundations. Not so many years ago, the wasteland that was Potsdamer Platz was a tragic reminder of a divided Germany. By 1945 it lay in ruins and remained an ugly scar of the cold war. For many years Potsdamer Platz, once a place that could boast more traffic than almost anywhere else in Europe, led a melancholy existence as the dead heart of the city, neglected by history.

Tout ceci appartient au passé. On ne peut entreprendre les travaux de rénovation sans garder présent à l'esprit l'histoire de cette place. Le Potsdamer Platz fut avant la guerre une des places les plus animées d'Europe. Après la Deuxième Guerre mondiale, témoin vivant de la séparation tragique de l'Allemagne, cette place fut laissée à l'abandon et il était difficile d'imaginer la vie et le trafic intenses d'avant guerre.

Potsdamer Platz - wieviele Anekdoten, nostalgische Verklärungen - kurz: wieviele Mythen verbinden wir auch heute mit dieser einstigen Mitte Berlins! Der Mythos ist eben ein Puzzle, er besteht aus großen Namen wie „Haus Vaterland" oder „Pschorr-Bräu". Im „Hotel Esplanade" und dem „Café Josty" speisten die Großen der Welt, trafen sich bedeutende Politiker, Schriftsteller und Künstler. In der ganzen Stadt legendär war die Erbsensuppe, die es im „Aschinger" an der Südseite des Potsdamer Platzes für nur eine Mark gab. Hier verlief die alte Potsdamer Straße, die vor über 200 Jahren gebaut wurde.

Potsdamer Platz is the square that once formed the heart of Berlin. How many anecdotes and nostalgic memories – in short, how many myths are connected with this place! The myth is indeed puzzling, connected as it is with names such as 'Haus Vaterland' and 'Pschorr Brewery'. Some of the world's greatest minds once frequented the Hotel Esplanade and the Café Josty, where leading politicians rubbed shoulders with famous writers and artists. The pea soup served up for one mark at the 'Aschinger', on the south side of Potsdamer Platz, was a legend in itself. Adjoining Potsdamer Platz was the old Potsdamerstrasse.

Le Potsdamer Platz: que d'anecdotes, que de mythes associons nous encore aujourd'hui à cette place, autrefois le centre de Berlin! Le mythe est en fait un puzzle, composé de noms célèbres tels Haus Vaterland ou Pschorr-Bräu. A l'Hôtel Esplanade et au Café Josty se rencontraient les grands de ce monde: hommes politiques, écrivains et artistes. La Erbsensuppe (soupe aux pois cassés) servie chez « Aschinger » sur le Potsdamer Platz pour un mark seulement, était célèbre dans toute la ville.

Kaum eine andere Metropole hat stets so viele Größen aus Kultur, Wissenschaft, Handel und Industrie angezogen. Sie alle fühlten sich von den vielfältigen Impulsen inspiriert, die schon immer auf Berlin als Mittelpunkt Europas einwirkten. Das Forum, eine lichtdurchflutete, überdachte Arena, bildet den Mittelpunkt des Sony-Center am Potsdamer Platz. Der 4.000 m² große öffentliche Platz bietet eine anregende Atmosphäre von kulturellen Ereignissen, Kino, Shopping und Gastronomie (S.58).

There is hardly another capital city that has attracted so many of the big names of culture, science, trade and industry. They were all inspired by the multifarious influences that Berlin exerts as the centre of Europe. The forum, a roofed area flooded with light, forms the centre of the Sony Center on Potsdamer Platz. The 4000-square-meter public square has a stimulating atmosphere with cutural events, cinemas, shops and restaurants (p. 58).

Il existe peu d'autres métropoles qui ont su attirer en permanence de nombreuses sublimités de culture, science, commerce et d'industries. Toutes étaient inspirés par les multiples impulsions qui ont toujours exercé une influence sur Berlin en tant que centre de l'Europe. Le forum, une arène couverte baignée de lumière est le centre du Sony Center à la Potsdamer Platz. Cette grande place publique, ayant une superficie de 4.000 m², offre une ambiance affriolante d'évènements culturels, cinématographiques, de commerces et gastronomique (p. 58).

Der Marlene-Dietrich-Platz ist innerhalb des Potsdamer-Platz-Viertels ein eigenes Zentrum mit großstädtischer Geschäftigkeit und urbanem Leben. Im Bild sieht man einen der Eingänge der ARKADEN – einer großen Einkaufsmeile auf mehreren Ebenen. Der Haupteingang verbindet sich mit den U-Bahn-Anschlüssen am Potsdamer-Platz. An bestimmten Tagen wird auf dem Marlene-Dietrich-Platz Markt abgehalten und im Monat Juni findet hier ein Open-Air-Theaterfest statt.

Marlene Dietrich Platz, in the district of Potsdamer Platz, is actually a centre in itself, with an urbane atmosphere and a feel of big-city hustle and bustle. The photograph shows one of the entrances to the ARCADES, which is a large multi-level shopping mall. The main entrance is directly adjacent to the Underground connections of Potsdamer Platz. On certain days there is a market in Potsdamer Platz and in the month of June, an open-air Theatre Festival takes place here.

Situé dans le quartier du Postdamer-Platz, l Marlene-Dietrich-Platz constitue un centr urbain très animé. Sur la photo, on peut voi une des entrées des ARKADEN, -un gran complexe commercial bâti sur plusieur niveaux. L'entrée principale est directemen reliée à la station de métro du Postdamer Platz. Des marchés ont lieu sur la place à jour réguliers et un festival de théâtre de plein ai s'y déroule chaque année en juin.

der Mitte des Bildes sieht man eines der im Potsdamer-Platz-Viertel entstandenen IMAX-KINOS mit den Großleinwänden. Rechts im Bild ist das Hauptgebäude des Daimler-Chrysler-Areals, mit einer gewaltigen langen Halle, ähnlich einer großen Kathedrale. Auf der Gegenseite des Marlene-Dietrich-Platzes ist das MUSICAL THEATHER BERLIN entstanden, in dem das Disney Musical „Der Glöckner von Notre Dame" welturaufgeführt wurde. Gleich rechts daneben befindet sich jetzt die SPIEL-BANK BERLIN.

In the centre of the photo can be seen the large-screen IMAX CINEMA, which is situated in the Potsdamer Platz district. To the right is the main building of the Daimler-Chrysler complex, with a vast, elongated hall which resembles the nave of a cathedral. On the opposite side of Marlene Dietrich Platz stands the BERLIN MUSICAL THEATRE, where the Walt Disney musical 'The Hunchback of Notre Dame' celebrated its first performance world-wide. The building immediately to the right now houses the Berlin Casino.

Au milieu de la photo se dresse un des IMAX-Kinos aux écrans géants, récemment édifiés dans le quartier du Postdamer-Platz. Ressemblant à une cathédrale, le bâtiment principal de la société Daimler-Chrysler s'étend sur la droite de l'image. De l'autre côté du Marlene-Dietrich-Platz, se trouve le MUSICAL THEATER BERLIN où a eu lieu la première mondiale du show "Le sonneur de Notre-Dame" de Walt Disney. Le casino appelé SPIELBANK BERLIN s'élève à la droite de la salle de spectacles.

In der Hochbahnstrecke der „Linie 1" befindet sich zwischen den Stationen Gleisdreieck und Möckernbrücke das imposante Deutsche Technikmuseum, welches auch das Betriebsgelände des ehemaligen Anhalter Bahnhofs mit einbezieht und somit auch viele historische Lokomotiven zeigt. Über dem Dach des Museums schwebt als Erinnerung an die „Luftbrücke" über Berlin vom 24. Juni 1948 bis 12. Mai 1949, eine amerikanische Militärmaschine C 47 „Skytrain". Diese Flugzeuge, auch „Rosinenbomber" genannt, versorgten damals Berlin mit den Dingen des tägliche Bedarfs.

Along the elevated section of the number 1 line, between Gleisdreieck and Möckern Bridge Stations, is the imposing building of the German Museum of Technology, incorporated into which is the area of the former Anhalter Station with a whole range of historical old locomotives. As an eye-catcher, and in memory of the Berlin Airlift from 24th June 1948 to 12th May 1949, an American military plane, the C 47 Skytrain, hovers above the roof of the museum. Planes of this type supplied Berlin with everyday essentials and so were nicknamed "Rosinenbomber" (currant bombers).

C'est entre les stations Gleisdreieck et Möckernbrücke, desservies par « la ligne 1 » du métro aérien qu'est situé l'impressionnant musée allemand de la technique. C'est dans ce complexe que se trouve également les vieux bâtiments de l'ancienne gare-terminus de marchandises où l'on peut admirer de nombreuses anciennes locomotives. Au-dessus du toit du musée, un avion militaire américain, le C 47 Skytrain, est suspendu comme point de mire et en souvenir du « pont aérien » au-dessus de Berlin, qui dura du 24 juin 1948 jusqu'au 12 mai 1949.

Das Charlottenburger Schloss wird von Touristen und Berlinern als attraktives barockes Bauwerk geschätzt (erbaut 1695 bis 1791). Faszinierend ist das breite Spektrum der Schlossanlage mit dem Turm auf dem Kernbau und den Flügelbauten, die sich über 550 Meter erstrecken. Dabei begann alles ganz bescheiden. Nach einem Entwurf von Arnold Nehring entstand 1695-1699 ein Lustschloss für die Kurfürstin Sophie Charlotte. Mit der Krönung Kürfürst Friedrich III. zum König in Preußen (1701) entwickelte sich am Schloss rege Bautätigkeit.

Built in 1695-1791, the Baroque splendor of Charlottenburg Palace attracts Berliners and tourists alike. Visitors beholding the central building with its tower and adjacent wings are generally struck by the expanse of the palace buildings extending to a length of 550 m. The beginnings, however, were quite modest. In 1695-1699, a small summer castle was built for Electoress Sophie Charlotte according to plans of Arnold Nehring. When Elector Friedrich III was crowned King of Prussia in 1701, builders were briskly put to work at the palace again.

L'édifice baroque du château de Charlottenburg, construit entre 1695 et 1791 est un lieu très apprécié des touristes et des Berlinois. L'ensemble avec, une façade principale de 550 mètres de longueur, une haute tour et deux longues ailes offre une image impressionnante. Et pourtant, à l'origine, il avait des dimensions plutôt modestes. Le premier édifice fut érigé de 1695 à 1699 par l'architecte Arnold Nehring, comme château de plaisance pour la princesse Sophie-Charlotte. Son époux, le prince-électeur Frédéric III le fit agrandir quand il devint roi de Prusse sous le nom de Frédéric 1er (1701).

Das Schloss Charlottenburg mit dem Belverdere beherbergt eine Sammlung Berliner Porzellane. Im ehemaligen Schlosstheater ist das Museum für Vor- und Frühgeschichte untergebracht. Dem Schloss gegenüber stehen die von Friedrich August Stüler 1851-1859 erbauten ehemaligen Kasernen der Garde du Corps. Im östlichen Bau befindet sich das Ägyptische Museum mit der berühmten Kalksteinbüste der Nofretete. Weitere Museen im näheren Umkreis sind das Antikmuseum, Heimatmuseum Charlottenburg und das Bröhan-Museum.

Charlottenburg Palace and its belvedere house a collection of china from Berlin. The former palace theatre is now a museum of prehistoriy and early history. Across from the palace, the former barracks of the guard are preserved, built in 1851-1859 by Friedrich August Stüler. The building to the east houses the Egyptian museum with its world-famous limestone bust of Nefertiti. The museum of antiquity, a museum of the Charlottenburg district and the "Bröhan-Museum" are close by.

Le Château de Charlottenburg avec Belvédère renferme une très belle collection de porcelaines de Berlin. Le musée de la Préhistoire est installé dans l'ancien théâtre du château. L'ancienne caserne de la Garde du Corps construite par Stüler entre 1851 et 1859 se dresse an face du château. Le bâtiment est abrite le musée d'Egypte où l'on peut admirer le célèbre buste en calcaire de Néfertiti. A proximité, on trouve le musée régional de Charlottenburg, le musée des Antiquités et le musée Bröhan.

Einen weiteren musealen Schwerpunkt bilden die Museen in Dahlem, Lansstr. 8. Die Gemäldegalerie umfasst eine Sammlung mit Spitzenwerken der europäischen Malerei des Mittelalters bis ins 19. Jh. In Berlin-Dahlem, im Winkel 6-8 ist das Museum für Deutsche Volkskunde beheimatet. Ebenfalls in Dahlem, Bussardsteig 9, ist das Brücke-Museum angesiedelt. Es wurde 1967 eröffnet und geht auf eine Stiftung des Brücke-Malers Karl Schmidt-Rottluff zurück. Ein weiterer Museumskomplex befindet sich am Kulturforum nahe der Philharmonie, wo 1985 das Kunstgewerbemuseum eröffnet wurde.

The museums in Dahlem, Lansstraße 8, should not be forgotten. They contain a gallery of pictures with a first-rate collection of European paintings from the Middle Ages to the 19th century. In Berlin-Dahlem, a museum of German folklore resides at Winkel 6-8. The "Brücke-Museum" is also to be found in Dahlem, Bussardsteig 9. It was opened in 1967 and dates back to an endowment of the Brückepainter KarlSchmidt-Rottluff. A new complex of museums is under construction at the culture forum around the Philharmonic. The museum of applied arts opened its doors there in 1985.

Les musées du quartier de Dahlem constituent un autre centre d'art très intéressant. Au 8 de la Lansstrasse, on peut y visiter la Galerie des peintures avec des chefs-d'oeuvres de la peinture européenne datant du moyenâge au 19e siècle. A Berlin-Dahlem, au 6-8 de la rue Winkel, se trouve le musée allemand d'Ethnographie et au 9 de le rue Bussardsteig, le musée Brücke, ouvert en 1967 et créé grâce à une donation du peintre Karl-Schmidt-Rottluff. Un nouveau complexe s'élève actuellement autour du Forum de la Culture, près de la Philharmonie. Le musée des Art appliqués y était déjà inauguré en 1985.

Auf der Mittelpromenade der Tauentzienstraße steht seit 1987 die Skulptur „Berlin", welche die ehem. Teilung der Stadt symbolisiert. Das Künstlerehepaar Matschinsky Denninghoff wollte mit der verschlungenen Form das Zusammenwachsen von Ost und West symbolisieren. Im fließenden Übergang zwischen Tauentzienstraße und dem Kurfürstendamm liegt der Breitscheidplatz mit dem Wahrzeichen Berlins: der Kaiser-Wilhelm-Gedächtniskirche. Mit ihrem ruinösen Turm ist sie ein Mahnmal, das an den Wahnsinn der Kriege erinnert. Der Turm wird umgeben von den Kirchenneubauten aus dem Jahr 1961.

The sculpture "Berlin" has stood in the centre promenade of Tauentzienstraße since 1987. According to the artistic couple Matschinsky-Denninghoff ist interwoven from symbolises the growing together of East and West. The seamless border between Tauentzienstraße and Kurfürstendamm is formed by the Breitscheidplatz with another landmark of Berlin, the church Kaiser-Wilhelm-Gedächtniskirche. Its ruined tower is a reminder of the insanity of war. Since 1961, the old tower has been surrounded by new church buildings.

La sculpture « Berlin », œuvre du coulpe d'artistes Matschinsky-Denninghoff, symbolise le rapprochement de l'Est et de l'Ouest. La place dite Breitscheidplatz joint les deux célèbres rues. C'est là que se dresse la « Kaiser-Wilhelm-Gedächtniskirche », (l'église commémorative de l'empereur Guillaume 1er) dont la tour en ruine est un avertissement à la folie des guerres. Le reste de l'édifice a été reconstruit en 1961. L'église présente deux styles architecturaux: la tour néo-romane, bâtie fin des années 1890 par Franz Schwechten, flanquée des deux éléments modernes d'Egon Eiermann.

Berlin Penta Hotel
HOTEL PALACE
HOTEL PALACE
SDB
BERLINER MORGENPOST
Bauknecht
Juwelier
Spielbank Berlin
VIDEO AUDIO COMPUTER
PIONEER
MÖVENPICK
MÖVENPICK
Wirtshaus zum Löwen
Die großen Drei
Die großen Drei
LOTTO · TOTO · Spiel 77

Im Schatten des Turmes der Kaiser-Wilhelm-Gedächtniskirche ist der zentrale Punkt für alle flanierlustigen Berliner und Fremden aus aller Welt. Am Breitscheidplatz und in seiner Umgebung wird so mancher Balanceakt vollführt. Der Platz selbst dient bis in die Nacht hinein für Laienschauspieler, Kleinkünstler, Musikanten oder Portraitmaler als öffentliche Bühne. Hier zeigt der Grimassenschneider, der Artist, der Schauspieler seine Kunst. Als Untermalung rauscht das Wasser des Weltkugelbrunnens (Wasserklops genannt) und der Leierkastenmann spielt auf seiner Drehorgel.

In the shadow of the church Kaiser-Wilhelm-Gedächtniskirche strollers and promenaders from Berlin and all over the world meet. The square Breitscheidplatz and its surroundings have witnessed many a balancing act. The area serves as a public stage for amateur actors, mimes, musicians and portrait painters late into the night. Acrobats and fire eaters alike find their audiences here. The gurgling waters of the globe fountain and organ grinders playing melodies from Old Berlin or the newest hits provide the musical background.

Berlinois et touristes du monde entier se rencontrent sous les murs de l'église Kaiser Wilhelm-Gedächtniskirche. La place dite Breitscheidplatz est une véritable scène de plein air où comédiens, musiciens, pantomimes, peintres du pavé et artistes amateurs se produisen devant un public ravi. Comme musique de fond, on entend le ruissellement de l'eau de la fontaine représentant le globe terreste ou les vieilles mélodies berlinoises qu'égrènent les orgues de barbarie.

der Kantstraße, Nähe des Bahnhofs Zoo, befin-
t sich eine der renommierten großen Bühnen in
rlin. Im „Theater des Westens" in Berlin-
arlottenburg wurden in früheren Jahren Opern
spielt, während es heute als Musical-Theater
kannt ist. Der Theaterbau, sowie die benachbar-
n Gebäude bilden ein für Berlin typisches
misch mehrerer Baustile. Der Vorderbau des
eaters präsentiert sich im Gründerzeitstil, das
hnenhaus jedoch hat einen burgähnlichen
harakter. Dahinter in der Fasanenstraße entstand
r supermoderne Bau des Ludwig-Ehrhard-
uses, mit Berliner Wertpapierbörse, IHK u. VBK.

In Kantstrasse, not far from Bahnhof Zoo railway
station, is situated one of the greatest and most
famous of all Berlin's theatres. The 'Theater des
Westens'.in Charlottenburg was once famed for
its opera productions, but today is better known
for staging musicals. The theatre itself and the
surrounding buildings provide that colourful
mixture of styles so typical of the architecture of
Berlin. The theatre frontage is of typical late 19th
century design, while the main body has a
whimsical, fortress-like appearance. Behind, in
Fasanenstrassse, stands the highly modernistic
building of the Ludwig Erhard House.

Une des plus célèbres salles de spectacles berlinoises se trouve dans la Kantstraße, près de la
gare dite Bahnhof Zoo. Des opéras étaient
autrefois joués au « Theater des Westens »qui
est aujourd'hui surtout connu comme music-
hall. Ce théâtre du quartier de Charlottenburg
et les édifices qui l'entourent illustrent l'hétéro-
généité architecturale typique de Berlin. Tandis
que le bâtiment antérieur du théâtre est dans le
style du « Gründerzeit » (années 1870), la salle
de spectacles ressemble à une sorte de château
baroque. Juste derrière, dans la Fasanenstrasse,
s'élève le ultramoderne Ludwig-Ehrhard-Hause.

Berlin ist die einzige Stadt der Welt, die zwei Zoologische Gärten besitzt. Der historische zoologische Garten liegt im Zentrum, am gleichnamigen Bahnhof, in der Nähe der Kaiser-Wilhelm-Gedächtniskirche. Der neue, TIERPARK BERLIN, wurde in Berlin-Friedrichsfelde 1955 eröffnet. Der historische „Zoo", damals noch „bei Berlin" gelegen, wurde 1844 eröffnet. Bereits 1841 wurde mit der Anlage, unter der Beteiligung von Alexander von Humboldt und Peter Joseph Lenné, begonnen. Der artenreichste Zoo der Welt beherbergt in seinen Freianlagen und Tierhäusern fast 12.000 Tiere.

Berlin id the only city in the world with two zoological gardens. The new zoo, the "Tierpark Berlin", opened its gates in Friedrichsfelde in 1955. The historical zoo is in the centre, next to the station of the same name near the Kaiser-Wilhelm-Gedächtniskirche. It opened in 1844, at that time only "close to" but not "in" Berlin. The complex was begun as early as 1841 with the help of Alexander von Humboldt and the landscape architect Peter Joseph Lenné. Today it is the zoo with the greatest number of animal species world-wide. Almost 12,000 animals live in its pens and houses.

Berlin est la seule ville au monde à posséder deu jardins zoologiques. Le Zoo historique s'étend a centre de la ville, près de la gare portant le même nom. Le nouveau zoo de Berlin était inauguré e 1955 à Friedrichsfelde. Le « Tiergarten » historiqu situé à l'époque « alentour de Berlin », fut inau guré en 1844. Son aménagement par Alexande von Humboldt et le dessinateur de jardins Pete Joseph Lenné avait commencé dès 184 Aujourd'hui, 12000 animaux vivent dans le zoo l plus riche es espèces jardins zoologiques d monde entier.

icht nur den Wissenschaftler, auch den Natur-
ebhaber zieht es in den Botanischen Garten, an
er Straße „Unter den Eichen" in Lichterfelde.
ber 18.000 Pflanzenarten warten auf den
esucher, wollen betrachtet und erkannt
erden. Die Anfänge des Botanischen Garten
ehen auf den kurfürstlichen Lustgarten am
erliner Stadtschloss zurück. Von 1897 bis 1903
rfolgte die Neuanlage an heutiger Stelle. Die
Flanzengeographische Abteilung mit ihrer
ndschaftlichen Gestaltung ist die größte der
elt. Das Große Tropenhaus (Palmenhaus)
urde 1906-1907 erbaut.

Not only scientists, but also nature lovers, are
drawn to the botanical gardens in the street
"Unter den Eichen" at Lichterfelde. More than
18,000 plant species await the visitor, to be loo-
ked at and identified. The beginnings of the
botanical gardens date back to the electoral
Lustgarten next to the Berlin city palace. In
1897-1903 the present complex at Lichterfelde
was begun. The department of phytogeogra-
phy with its designed landscape is the largest in
the world. The great Tropical House (house of
palms) was built in 1906-1907.

Le Jardin botanique situé dans la rue « Unter
den Eichen » à Lichterfelde n'attire pas seulement les naturalistes, mais aussi les amoureux
de la natures. Les visiteurs y découvriront plus de
18 000 espèces de plantes. Les débuts du jardin
botanique remontent au parc Lustgarten qui
entourait le Château de la ville à l'époque des
princes-électeurs. Il fut replanté à son emplacement actuel en 1897-1903. Sa section montrant
différentes zones de végétation du globe est la
plus grande de ce genre dans le monde. La
vaste serre (palmarium) de style art nouveau,
date de 1906-1907.

Ein Wahrzeichen Berlins ist der Funkturm, „Langer Lulatsch" genannt. Er wurde 1924-1926 nach Plänen von Heinrich Straumer zur 3. Deutschen Funkausstellung erbaut. In Berlin stand die Wiege des Rundfunks. Am 23. Oktober 1923 kam aus dem Voxhaus in der Potsdamer Straße 14 die erste Radiosendung in Deutschland. Der Stahlgittermast des Funkturms ist 138 Meter hoch, mit dem Antennenmast 150 Meter. Zur Aussichtsplattform in 125 Metern Höhe fährt ein Fahrstuhl. Eine weite Rundsicht hat der Besucher auch vom Funkturmrestaurant aus, das in 55 Meter Höhe eine elegante Ausstattung besitzt.

Another landmark of Berlin is a radio tower, the Funkturm. It was built on 1924-1926 for the 3rd German Radio Exhibition, to plans by Heinrich Straumer. The cradle of radio stood in Berlin. On October 23, 1923, the first radio broadcast in Germany originated from the Voxhaus at Potsdamer Straße 14. The steel grid mast of the Funkturm has a height of 138m, 150m with its aerial mast. There is a lift to the observation platform at 125m. Visitors can enjoy another view over the city from the restaurant, built at height of 55m, with its elegant furnishings and decor.

La Tour de la Radio est un des emblèmes de la ville. Elle a été constuite en 1924-1926 par Heinrich straumer à l'occasion du 3e salon allemand de la Radio. Berlin était le berceau de la radio. C'est de la maison « Voxhaus » au N° 1 de Potsdamerstrasse que la première émission en Allemagne était diffusée le 23 octobre 1923. La constuction en acier de la tour-radio a 138 mètres de hauteur et une antenne mesurant 150 mètres. Un ascenseur conduit à la plateforme située à 125 mètres d'où le visiteur peut admirer un vaste panorama.

SFB

er Blick vom Funkturm schlägt den Besucher seinen Bann. Es ist der weite Rundblick über n nicht enden wollendes urbanes Stadtgebiet it langen, breiten Straßen, Flüssen und Seen nd eingestreuten Grünzonen, es ist die aszination einer Weltstadt. Im Bild sieht man n Stadtteil Charlottenburg mit dem 800m ngen Lietzensee als grüne Oase. Quer im rdergrund verläuft die Stadtautobahn, die n Westberliner Bereich großzügig ausgebaut urde, woran auch die Avus im Grunewald ngeschlossen ist, die erste 1921 eröffnete utorennstrecke Deutschlands.

The view from the Funkturm is breathtaking. It encompasses a seemingly never-ending urban landscape with long, wide streets, rivers and lakes, dappled with green open spaces. In the picture we see, Charlottenburg and the Lietzensee lake. In the foreground we see the gernerously built city highway in what was formerly West Berlin and the Grunewald forest with the "AVUS", the first motor racing track in Germany, opened in 1921.

Le panorama qui s'offre de la Tour de la Radio est celui d'un paysage urbain infini, quadrillé de larges avenues et persemé de rivières, de lacs et d'espaces verts. Sur le devant de la photographie, s'étend le quartier de Charlottenburg avec le lac de Lietzen une oasis de verdure de 800 mètres de longuer au millieu de la ville. Le périphérique qui relie topus les quartiers des Berlin-West rejoint l'Avus à Grunewald. L'Avus, in auguré en 1921 était le premier circuit de courses automobiles en Allemagne.

Die Spandauer Zitadelle ist heute noch ein Geheimtipp für Berlin-Besucher, ja sogar für Berliner. Die Wasserfestung der Brandenburgischen Kurfürsten wurde zwischen 1560 und 1594 um die mittelalterliche Burg der askanischen Markgrafen herumgebaut. Nur der im Zentrum der Bastion stehende Juliusturm ist noch aus der Burgzeit erhalten. Die Zitadelle ist trotz der Umbauten des 19. und 20. Jh. eine der bedeutendsten und besterhaltendsten Festungsanlagen des 16. Jh. in Europa. Im Juliusturm wurde 1874 der sogenannte Reichskriegsschatz eingelagert.

The citadel at Spandau is still a well-kept secret for Berlin tourists, even for Berliners. The moated fortification of the electors of Brandenburg was built between 1560 and 1594 around a core of a medieval castle of the Ascanian counts. Only the Julius-Tower, in the centre of the old castle, still dates back to that time. The citadel is, despite changes in the 19th and 20th century, one of the bestpreserved fortifications of the 16th century in Europe. In 1874, the so-called "war treasure of the Reich" amounting to 120 million goldmarks was stored in the Julius-Tower.

La citadelle de Spandau (1560-1594), a été construite sous le règne des princes-électeurs brandebourgeois autour d'un château médiéval des margraves Ascaniens. La Juliusturm, seul vestige de l'époque moyenâgeuse, servit successivement de donjon, de prison et de trésor. En 1874, elle abrita le trésor de guerre du Reich qui s'élevait à 120 millions de marks or. Malgré des transformations aux 19e et 20e siècles, la citadelle est une des fortifications du 16e siècles, les plus vastes et les mieux conservées en Europe.

Auf derselben Havelinsel, welche heute die Zitadelle der Festung Spandau einnimmt, stand vordem das „feste Schloss" oder die „Burg Spandow". Urkundlich wird dieses Schloss bereits 1229 erwähnt, es ist aber mit Sicherheit viel früher angelegt worden und ist als eine Gründung „Albrechts des Bären" zu betrachten. 1197 ist es bereits der Sitz eines markgräflichen Vogtes, dem die askanischen Markgrafen Johann I. und Otto III. folgten. Auch die bairischen Markgrafen residierten häufig auf dem Schloss Spandow. Die Spezialität der Zitadellenschänke ist heute ein Festmahl nach Rittersart.

The same Havel island now occupied by the Spandau Citadel, was once the site of the "firm fortress" or Spandow Castle. This castle is mentioned in records going back to 1229, but it was almost certainly built earlier, being regarded as a foundation of Albrecht the Bear. By 1197 it was the seat of a margrave governor, succeeded by the Askan Margraves John I and Otto III. Bavarian margraves were often in residence here, too. The house speciality is an authentic banquet in the style of the late Middle Ages.

La même île de la Havel, où se trouve aujourd'hui la citadelle de la forteresse de Spandau, était autrefois occupée par un système de fortification ou le « château-fort de Spandow ». D'après les titres, la construction de ce château remonte à 1229, mais il a été sans doute érigé bien avant à l'initiative d'Albert Ier de Ballenstädt, l'Ours. En 1197, le bailli du margrave, y résidait déjà suivi du margrave ascanien Jean Ier et d'Otto III. Les margraves bavarois résidèrent également souvent au château de Spandow. La spécialité du château est un festin de style chevalier.

Die in einem Kessel der Murellenschlucht ein-gebettete Waldbühne ist ein Veranstal-tungsort für Konzerte (Klassik, Rock, Pop) und Filmvorführungen und gilt international als eine der beliebtesten Open-Air-Bühnen. Die Waldbühne gehört zu dem 1934-36 errichten Olympia-Komplex des bekannten Architekten Werner March (Olympiastadion), der anlässlich der XI. Olympischen Spiele erbaut wurde. Diese Sportanlagen zählen noch heute zu den größten Europas.

The Forest Theatre, set in a basin in the Murelle gorge, is a venue for concerts (classical, rock, pop) and films, and has an international reputation as one of the most popular open-air theatres. It is part of the Olympia complex built for the XI Olympic Games by the architect Werner March (Olympic stadium) between 1934 and 1936. It is still one of the largest sporting arenas in Europe.

La Waldbühne, encaissée dans la Mureller schlucht, est reconnue sur le plan inter national comme l'une des meilleures scène open-air. Des concerts (classique, rock, pop) sont organisés ainsi que des projections d films. Elle fait partie du complexe olympiqu construit entre 1934 et 1936 par l'architect Werner March (stade olympique), à l'occasio des 11èmes jeux olympiques. Elle compt toujours parmi les plus grands complexe sportifs d'Europe.

Berlin wurde Fluggeschichte geschrieben. tto Lilienthal, der Flugpionier par excellence, nternahm 1891 seine ersten Flugversuche mit nem selbstgebauten Flugapparat. Ihm zu hren trägt der Flugplatz Tegel seinen Namen. er Berliner Flugverkehr verteilt sich heute auf e zwei Flughäfen in Tegel und Schönefeld. Bis 007 entsteht in Berlin-Schönefeld ein neuer roßflughafen, der den Gesamtflugbetrieb für erlin/Brandenburg aufnehmen soll.

A chapter in the history of flying was written in Berlin. Here Otto Lilienthal, the famous flight pioneer, made his first attempts at flying with his home-made flying-machine. Tegel airport, was named in his honour. The first airport in Berlin was built in Johannisthal. Air traffic in Berlin is divided between the two airports in Tegel and Berlin-Schönefeld. By 2007 a big new airport will be built at Schönefeld which will be responsible for all the air traffic in Berlin/Brandenburg.

Berlin est une ville pionnière dans l'histoire de l'aviation. En 1891, Otto Lilienthal tentait son premier vol à bord d'un appareil qu'il avait construit lui-même. L'aéroport de Tegel porte son nom. Le trafic aérien Berlinois est régi par deux aéroports: Tegel et Berlin-Schönefeld. D'ici 2007, un nouvel aéroport plus grand verra le jour à Schönefeld. Celui-ci accueillera la totalité du trafic aérien pour Berlin Brandebourg.

Einen besonderen Reiz besitzt eine Fahrt mit einem Ausflugsdampfer über die Flüsse und Kanäle der Berliner Innenstadt. Spannend ist eine Dampferfahrt auf der Spree durch das historische Berlin, die Industriestandorte in Köpenick oder Oberschöneweide und die Weite des Müggelsees. Erholen, abspannen und die Stadt aus einer ganz anderen Sicht kennen lernen, ist bei diesen Dampferfahrten möglich. Besonders beliebt sind auch die Mondscheinfahrten auf festlich geschmückten Schiffen mit Musik und Tanz.

A leisure boat trip along the rivers and canals of the inner city of Berlin has a special charm. A trip on the Spree through historical Berlin, the industrial sites of Köpenick or Oberschöneweide, or across the expanse of the Müggelsee is quite thrilling. These trips are ideal for recovering, relaxing and getting to know the city from a completely different angle. The moonlight cruises with festively decorated boats are especially popular.

Une excursion en bateau sur les rivières et canaux de Berlin représente une expérience très intéressante. Un tour sur la Spree conduit à Berlin historique, à travers les quartiers industriels de Köpenick et Oberschöneweide jusqu'au vaste lac de Müggelsee. Ces excursions sur l'eau offrent quelques heures de délassement et aussi la possibilité de découvrir Berlin sous un angle différent. Très appréciées des touristes et Berlinois sont également les « croisières » romantiques au clair de lune à bord de bateaux de plaisance joliment décorés.

er Berliner liebt seine Strand- und Freibäder.
ei einem derart großen Angebot an Flüssen
nd Seen heißt im Sommer die Devise „nichts
ie raus ins Grüne". Am beliebtesten und weit
ber die Grenzen Berlins hinaus bekannt ist der
annsee. Gebadet wurde hier schon um 1900,
bwohl das Baden an Seen und Flüssen offiziell
is 1907 verboten war. Zum Magnet der
adefreudigen wurde das Strandbad Wannsee
rst nach dem von 1927 bis 1930 erfolgten
usbau mit zahlreichen Erholungs- und
reizeitmöglichkeiten.

Berliners love their beaches and pools. With such a great selection of rivers and lakes, summer outings into the countryside are a must. The most popular lake is the Wannsee, wellknown beyond the city limits of Berlin. People bathed there as early as 1900, although bathing in lakes and rivers was officially forbidden until 1907. But the Wannsee beach only started drawing large crowds after its enlargement in 1927-1930, when numerous facilities for entertainment and relaxation were included.

Les Berlinois fréquentent énormément les piscines en plein air et les plages ou rivages des nombreux lacs et rivières de la ville ou de ses alentours. « Vite, à la campagne! » est la devise de l'été. La réputation du lac Wannsee, le lieu d'excursion préféré de la population, dépasse largement les frontières de Berlin. On s'y baignait déjà vers 1900 bien que la baignade dans les lacs et rivières restât officiellement interdite jusqu'en 1907. Toutefois la vogue de la grande plage du Wannsee ne commença qu'après son aménagement entre 1927 et 1930.

ine ähnliche Entwicklung wie in Spandau lässt ch in Köpenick beobachten. Am Zusammenuss von Spree und Dahme entstand ebenfalls n slawischen Land eine deutsche Burg, die 240 erstmals genannt wird. Auf der Burginsel urde, wie in Spandau, auch Kurfürst Joachim II. itig. Er ließ anstelle der baufällig gewordenen Vasserburg ein Schloss errichten. Von diesem chloss sind nur geringe Reste erhalten. Später 677-1682 wurde hier von Kurprinz Friedrich ein eues Schloss errichtet. Der Architekt Rutger on Langevelt gab dem noch heute vorhandeen Bau die Form des holländischen Barock.

The district of Köpenick is undergoing a similar development to that of Spandau. Once a Germanic castle was built here, in the Slav-populated area at the confluence of the rivers Spree and Dahme. The building was first recorded in 1240, and it was on this island site that in later years Elector Joachim II set to work on the dilapidated moated castle to transform it into a residence. Very little of his work remains, however, for yet Kurprinz Friedrich built here between 1677 and 1682 with a penchant for architecture had his own palace .

Une petite ville se développa à Köpenick situé en territoire slave à la jonction de la Spree et de la Dahme, à l'origine un simple fort mentionné pour la première fois en 1240. Le prince-électeur Joachim II fit plus tard élever un château sur l'emplacement de ce fort. L'édifice actuel en style hollandais baroque, à été construit entre 1677 et 1682 par l'architecte Rutger von Langevelt.

"Hauptmann von Köpenick" vor dem Rathaus

Berlin ist eine grüne Stadt. Nicht nur die Straßenbäume, auch die vielen Wälder haben der Stadt zu diesem Ruf verholfen. Die Havel besteht aus einer Aneinanderreihung von Seen, von denen der Wannsee der bekannteste ist. Das auch in Schlagern besungene Strandbad ist fast schon zur Legende geworden. Wo viel Wasser ist, liegt es nahe, dass die Wassersportler nicht weit sind. So gibt es ungezählte Wassersportvereine aller Sparten, die ihre Boots- und Vereinshäuser am Müggelsee, an den Havelseen oder an einem der Wasserläufe besitzen.

Berlin is a green city. Not only its tree-lined streets, but also many woods, have helped to establish this reputation. The Havel really is a string of lakes, Wannsee being the most famous one. This lake, which is featured in popular songs, has almost become a legend. With so much water, it is clear that aquatic sports play an important role. There are numerous clubs of all kinds which have their boats and clubhouses on the Müggelsee, the lakes of the Havel or one of the others bodies of water.

Berlin est une ville verdoyante. Elle possède de nombreuses rues ombragées ainsi que de vastes espaces verts et boisés. La rivière Havel forme une succession de lacs dont le plus connu est le Wannsee. La fameuse plage du Wannsee, chantée dans plusieurs mélodies populaires, fait partie de la vie des Berlinois. Un grand nombre de club de sports nautiques bordent les rivages des lacs de la Havel, du Müggelsee et des cours d'eau environnants. La charmante Pfaueninsel (l'île aux paons) est située sur la Havel.

Malerisch liegt die 1,5 km lange und 500 m breite Pfaueninsel in der Havel. Sie ist ein Kleinod und steht seit 1924 unter Naturschutz. Auf der Insel leben etwa 60 Pfauen, die hier 1795 eingesetzt wurden. Friedrich Wilhelm II. ließ auf der Insel auf Anregung seiner Geliebten, der Gräfin Lichtenau, ein Lustschloss im damals modernen Ruinenstil errichten, das später der Königin Luise und Friedrich Wilhelm III. als beliebter Sommeraufenthalt diente. Die 1822 angelegte Menagerie wurde zum Grundstock des Berliner Zoologischen Gartens.

The Pfaueninsel is a picturesque island in the Havel, 1.5km long and 500m wide. This jewel has been protected by a nature preservation order since 1924. Peacocks were released there in 1795 and about 60 peacocks still live on the island. Inspired by his concubine, the Countess Lichtenau, Friedrich Wilhelm II had a summer castle built there in the style of a ruin, all the rage at that time. Later it was a popular summer resort of Queen Luise and Friedrich Wilhelm III. The menagerie, established in 1822, stocked the Zoological gardens.

Le parc dessiné par Joseph Lenné d'aprés le modèle du Jardin des Plantes à Paris, contient plusieurs espèces rares d'arbres. Il est aussi l'habitat d'une soixantaine de paons depuis 1795. Frédéric-Guillaume II y fit construire un château de plaisance pour sa favorite, la comtesse Lichtenau. L'édifice conçu dans le goût de l'époque (ruines romantiques), construit de 1794 à 1797, était la résidence d'été préférée de Frédéric-Guillaume III et de sa femme, la reine Louise. La ménagerie, installée en 1822, fut plus tard transportée au Jardin zoologique de Berlin.

Der Aufstieg des idyllisch zwischen Hügeln und mehreren Seen gelegenen, 993 erstmals urkundlich erwähnten Ortes Potsdam begann, als die Stadt 1660 kurfürstliche Residenz wurde. Unter dem großen Kurfürsten und vor allem unter Friedrich II. entwickelte Potsdam sich zur prunkvollen Barockstadt abseits der preußischen Metropole Berlin.

Potsdam, idylically situated in the midst of a hilly lake landscape and first mentioned in 993, began its rapid development in 1660 when it became an Electoral Residence. In the reign of the Great Elector and especially of Frederick II it grew into a magnificent baroque city close by the Prussian metropolis of Berlin.

Mentionnée pour la première fois en l'an 993, cette ville, située merveilleusement entre collines et lacs, devint célèbre en 1660 où elle devint le lieu de résidence des princes électeurs. Sous le règne du Grand Electeur et avant tout sous celui de Frédérique II, cette ville, splendide joyau de style baroque, se développa à l'écart de la métropole prussienne de Berlin.

Mit dem Potsdamer Edikt von 1685 lud der große Kurfürst die Hugenotten zur Ansiedlung in seine Provinzen ein; hier wurde 1805 der geheime Allianzvertrag zwischen Russland und Preußen geschlossen. An dem „Tag von Potsdam", kurz nach der Machtübernahme durch den NS-Staat, wollte Hitler Kontinuität und Legalität seines Regimes zur Preußischen Geschichte demonstrieren. 1945, nach dem verlorenen II. Weltkrieg, trafen sich im Schloss Cecilienhof die Spitzen der Alliierten Siegermächte, um über Deutschlands weitere Zukunft zu beraten.

With his Potsdam Edict of 1685, the Great Elector invited the Huguenots to settle in his territory. In 1805 the secret alliance between Russia and Prussia was agreed; the Potsdam Conference of 1933 was to document the legality of the Thousand Year Empire, but in fact marked the beginning of open persecution. At the Potsdam Conference of 1945, the Allies determined Germany's future after the second Worldwar.

C'est en rédigeant l'Edit de Postdam en 1685 que le Grand Electeur ouvrit les portes aux Huguenots venant désormais s'installer dans ses provinces. C'est ici que le contrat d'alliance fut secrètement conclu en 1805 entre la Russie et la Prusse. Le « jour de Potsdam » en 1933 devait documenter la légalité du Reich millénaire et fut en même temps le théâtre d'évènements bien douloureux ayant laissés de profondes traces. En 1945, ce fut le traité de Postdam relevant de l'initiative des alliés qui statua finalement de l'avenir de l'Allemagne.

Im Zuge der frühen Stadterweiterung wurde das heute unter Denkmalschutz stehende Holländische Viertel für die hier lebenden Holländer angelegt. 1733 entstand als erstes neugotisches Bauwerk in Deutschland hier das Nauener Tor. Ähnlich wie sein Großvater, der große Kurfürst, interessierte sich Friedrich Wilhelm I. besonders für Holland. Seine Aufenthalte in Holland 1700 und 1704/05 und die dort gesammelten Eindrücke haben zum Bau des Holländischen Viertels in Potsdam beigetragen.

The second stage of the expansion of Potsdam resulted in the creation of a district for the Dutch community, the Dutch Quarter, now an historical monument. The Nauentor, Germany's first neo-Gothic building, was erected here in 1733. Just like his grandfather, the Great Elector, Frederick William I had a special interest in Holland. He spent some time in Holland in 1700 and 1704/5, and the impressions he brought back with him have left their mark on the city's architecture.

Aujourd'hui site protégé, le quartier de Hollandais fut construit pour la colonie hollanda se lors du deuxième agrandissement de la vil qui eut lieu à l'époque baroque. Erigée en 173 la porte Nauen est le premier édifice de styl néo-gothique d'Allemagne. Comme son grand père, le Grand Electeur, Frédérique Wilhem le s'intéressait particulièrement à la Hollande. Le séjours qu'il y passa en 1700 et 1704/05 ainsi qu les impressions qu'il en a gardées ont laissé de traces bien visibles dans la ville.

riedrich der Große ließ nach 1750 nach dem
orbild eines römischen Platzes den Großen
Markt in Potsdam gestalten. Das beherrschende
auwerk ist hier die Nikolaikirche. Nach einer
dee des Kronprinzen Friedrich Wilhelm IV. baute
arl-Friedrich Schinkel die heutige Kirche.
aneben steht das Alte Rathaus von 1735-55.
er größere Neubau der Nikolaikirche wurde am
7. September 1837 eingeweiht, und erst
anach – zunächst unter Ludwig Persius, später
nter August Stüler – wurde die Errichtung der
autechnisch problematischen Kuppel in Angriff
enommen.

Frederick the Great modelled the Grosse Markt
in Potsdam on a Roman forum. Its most
striking building is the Nicolaikirche, designed
by the great architect Schinkel at the
instigation of Crown Prince Frederick William IV.
Close by is the old town hall, dating from 1735.
The new and much enlarged Nikolai Church
building was consecrated on 17th September
1837. The construction of the architecturally
difficult dome was begun later, first under
Ludwig Persius, later under August Stiller.

En 1750, Frédéric le Grand fit aménager le
Grand Marché de Potsdam selon les plans d'une
place romain. Son principal édifice est l'église
Saint-Nicolas. Karl-Friedrich Schinkel bâtit
l'eglise actuelle selon une idée du prince
héritier Frédéric-Guillaume (IV). L'ancien hôtel
de ville de 1735/55 s'élève à côté. La nouvelle et
plus grande église Nikolai fut inaugurée le 17
septembre 1837, mais c'est beaucoup plus
tard, tout d'abord à l'époque de Louis Persius
puis à celle d'Auguste Stüler que l'on se mit à
ériger la coupole dont la technique de
construction s'est révélée problématique.

Der Name „Sanssouci" sagt, dass der Bauherr hier ein Leben „ohne Sorgen" führen wollte. Friedrich der Große hatte in Ideenskizzen seine Wünsche vorgegeben, und der Baumeister von Knobelsdorff erbaute Sanssouci zwischen 1745 und 1747. Das Sommerschloss steht auf einem ehemaligen Weinberg. Es ist über sechs Terrassen zu erreichen, unter deren verglasten Nischen Feigen und Trauben für Wein gezogen werden. Vom erlesenen Geschmack und Höhepunkt des Rokoko, sind die prunkvollen Innenräume wie der Marmorsaal, die Bibliothek oder das Musikzimmer.

Sanssouci Palace at Potsdam is famous all over the world. The name "Sanssouci" indicates that its owner wanted to lead a life "without cares" here. Frederick the Great had made sketches of his ideas and wishes and the master builder Georg Wenzeslaus von Knobelsdorff built the palace, which rather resembles a country residence, between 1745 and 1747. The site of the summer residence is a former vineyard. It is approached by means of six terraces under whose glassed-in recesses figs and vines are cultivated. The rooms are masterpieces of the Rococo, e.g. the marble hall, library or music room.

Le château Sans-Souci à Potsdam jouit d'une réputation mondiale. Son nom dévoile la pensée de son propriétaire: la recherche d'une vie paisible. Georg Wenzeslaus von Knobelsdorff bâtit le château, qui ressemblait plus à une résidence champêtre, entre 1745 et 1747, d'après des croquis de Frédéric le Grand. Le château d'été se dresse sur une ancienne colline de vignobles. On l'atteint par six terrasses où poussent des figuiers et des ceps de vigne dans des niches vitrées. L'élégance du style rococo imprègne son intérieur: la salle de marbre, la bibliothèque et le salon à musique.

Das Neue Palais ist als Repräsentationsschloss Friedrich des Großen 1763-69 errichtet worden. Mit reichem Figurenschmuck, Marmor- und Grottensaal sowie einem Rokokotheater. Mit 322 Fenstern ist es der größte Bau im Park. Zu den Bauten im Park zählt die Bildergalerie (1755-1762) – heute Museum des Potsdamer Rokoko –, die Orangerie (1851-1860) und das Chinesische Teehaus, welcher als großzügig verzierter Pavillon errichtet wurde.

The New Palace was built by Frederick the Great between 1763 and 1769 as his official state residence. It is richly decorated with statues, the Marble Chamber and Cavern. With its 322 windows it is the largest building in the park. The other buildings in the Park include the Picture Gallery (1755-1762), today the Potsdam Rococo Museum, and the Orangery (1851-1860, today an archive and the Chinese Teahouse, as a richly decorated pavillion.

Le nouveau palais fut érigé entre 1763-69 e guise de château représentatif de Frédéric L Grand. Il abrite de précieux joyaux décoratifs, un salle en marbre et de la grotte ainsi qu'un théât re style rococo. Avec ses 322 fenêtres, c'est l plus grande construction du parc. Parmi les bât ments du parc, on y compte la galerie de photo graphies (1755-1762), musée actuel style rococo de Potsdam, l'orangerie (1851-1860), aujourd'hu un archive et la maison de thé chinoise, sou forme de pavillon précieusement décoré.

n Park von Sanccouci befindet sich das hinesische Teehaus, welches unter Friedrich em Großen 1754-1757 als reich geschmückter avillon im Stile der damaligen Chinamode rrichtet wurde. Zu den hübschen Details ehören die lebensgroßen vergoldeten hinesenfiguren zwischen den Bogenfenstern. uf dem Dach thront ein Mandarin mit onnenschirm. Der runde Saal diente lange Zeit ür Konzerte und Theateraufführungen. Heute efindet sich hier eine Ausstellung chinesi-chen, japanischen und Meißner Porzellans.

One of the buildings in Sans Souci Park is the Chinese Teahouse, built in the reign of Frederick the Great between 1754 and 1757 as a richly decorated pavillion in the then popular Chinese style. The decorative details include the life-size gilt Chinese figures between the window arches. A Mandarin with a sunshade decorates the roof. For a long period the round chamber was used for concerts and theatre performances. Today it houses an exhibition of Chinese, Japanese and Meissen porcelain.

Dans le parc de Sanccouci se trouve la maison de thé chinoise, érigée sous le règne de Frédérique le Grand entre 1754 et 1757 sous forme de pavillon précieusement décoré dans le style de la mode chinoise de l'époque. Les attractions à ne pas manquer sont les person-nages chinois dorées en grandeur nature situés entre les fenêtres voûtées. Sur le toit trône un mandarin avec son parasol. La salle arrondie servit longtemps à la fois de salle de concert et de lieu de représentations théâtrales. Aujourd'hui, on y trouve une exposition de por-celaine chinoise, japonaise et de Meissner.

Potsdam - lange Zeit Residenz- und Garnisons-stadt vor den Toren Berlins. Preußenkönig Friedrich Wilhelm I., in die Geschichte als Soldatenkönig eingegangen, baute planmäßig an der Erweiterung der Altstadt und dem Ausbau der Neustadt. Sein Sohn Friedrich der Große, machte Potsdam zu einem kulturellen und künstlerischen Mittelpunkt. Es entstanden zahlreiche repräsentative Bauten, dutzende von gediegenen Bürgerhäusern und das Schloss Sanssouci. Auf dem Gemälde „Flötenkonzert von Sanssouci" von Adolph von Menzel (1852), spielte Friedrich II. die Flöte.

From the 18th century onwards the town of Potsdam, south-west of Berlin, was the chosen residence of the Prussian kings. In Potsdam too were the garrisons of the formidable Prussian army. Frederick I left Potsdam a leg-acy of not-able buildings and his work was continued by his son Frederick William I, the Soldier King. The culmination of their plans came under Frederick I's grandson, Frederick the Great, who made Potsdam a cultural and artistic centre to rival other European capitals. Many of Potsdam's finest buildings and well-proportio-ned houses date from his reign.

Potsdam fut longtemps une ville de résidence et de garnison aux portes de Berlin. L'agrandissement de la Vieille Ville et la construction des nouveaux quartiers com-mencèrent durant le règne de Frédéric-Guillaume Ier qui entra dans l'histoire sous le nom du Roi Sergent. Son fils, Frédéric II dit le Grand fit de Potsdam un centre artistique et culturel. La ville s'enrichit alors de nombreux édifices splendides et de douzaines d'élégan-tes maisons patriciennes.

Der Soldatenkönig Friedrich Wilhelm I. legte sich in seiner Regierungszeit (1713-1740), zur Repräsentation und als Leibgarde, die Garde der „Langen Kerls" in roten Uniformen und mit einem Gardemaß von mindestens 1,90m Größe, zu. Große Männer suchten die Werber überall in Preußen und wenn die „Langen Kerle" nicht freiwillig kamen, wurden sie kurzerhand zwangsrekrutiert. Seit 1990 hat sich ein Verein der „Langen Kerls" in Potsdam gebildet, die in den historischen Uniformen anlässlich der 1000-Jahrfeier von Potsdam im Umzug viel Beachtung fanden.

The soldier king Frederick William I (rule 1713-1740) equipped himself with a Life Guard regiment of "Tall Guys" in red uniforms and with a minimum height requirement of 1m 90, who were also wheeled out on state occasions. Recruitment of these guards was often an adventure in itself. In 1990 an association of Tall Guys was founded in Potsdam. Their appearance, decked out in historical uniforms, was one of the highlights of the parade to celebrate the city's 1000th anniversary, and they have been much in demand on similar occasions since.

Durant son règne (1713-1740), Frédéric-Guillaume Ier, surnommé le roi-sergent s'offrit l'armée des « grands gaillards » en guise de représentation et de soldats de garde. Celle-ci portait des uniformes rouges dont la taille requise pour faire partie de la garde était de 1,90 m au minimum. L'association des « Langen Kerls» (« grands gaillards »), qui existe depuis 1990 à Postdam, retint beaucoup d'attention lorsqu'elle défila vêtue de costumes historiques à l'occasion de la célébration du millénaire de la ville de Postdam. Cette association est également très sollicitée pour défiler à d'autres occasions.

BILDNACHWEIS / mention of sources used / indication de la source

	Seiten:
Horst Ziethen:	19, 21, 22, 26, 28 (2), 29, 30, 32, 33, 34, 35,37, 39, 40, 41, 42, 43, 45 (3), 46, 48 (2), 49 o.,51, 52, 55, 56/57, 58, 59 o., 61, 63, 64, 68 (2), 69, 75, 77, 81, 83 o.l., 94 (Gemälde-Reproduktion)
Deutsche Luftbild:	38, 60, 72/73, 76, 79, 83, 84/85,
Fridmar Damm:	20, 65, 66/67, 80, 81, 82, 93
BA Punktum	23, 36, 82, 86/87, 88, 92,
Fotoagentur Helag Lade	18, 24/25, 47, 58, 74, Rücktitel
Paul Langrock/ZENIT	Titel, 53, 54/55
BA Zefa	17, 44, 96
Frank Ihlow	70 (2), 71
BA Preußischer Kulturbesitz	63, 91(nach einer Gemälde-Kopie von Joachim Tieze)
Gerhard Kiesling	27
Staatsoper Berlin	31
Friedrichstadtpalast/Gueffroy	49u.
DPA	50
Deutsches Technik Museum	59 u.
Charlottenburger Schloss	63
Günter Schneider	68 (5)
HB-Verlag	78
Werner Otto	92
Jürgens, Ost-u.Europa-BA	95

KARTEN UND STICHE
Stahlstich/Berlin, Brandenburger Tor (19. Jh.) Archiv Ziethen-Panorama Verlag
Vorsatzseiten: Berliner-Panorama-Karte: Bien & Giersch, Berlin
Nachsatzseiten: Berlin-Panorama anno 1730: ArchivZiethen-Panorama Verlag

BER

5   6   7   8   12   13